Arthur L. Smith, Jr.
Churchills deutsche Armee

ARTHUR
SMITH

Churchills deutsche Armee

Die Anfänge des Kalten Krieges / 1943-1947

Mit einem Vorwort
von Hans-Adolf Jacobsen

GUSTAV LÜBBE VERLAG

Aus dem Amerikanischen
von Hans Jürgen Baron von Koskull

Titel der Originalausgabe: Churchills German Army

Schutzumschlag: Ralf Rudolph
Gesamtherstellung: Friedrich Pustet, Regensburg

Printed in Western Germany
2. Auflage
ISBN 3-7857-0224-8

Inhalt

Vorwort

In der vorliegenden, aufschlußreichen Studie hat *A. Smith* (Los Angeles) ein überaus interessantes, z. T. bis heute noch kontroverses Thema aus der Endphase des 2. Weltkrieges und zur Vorgeschichte des »Kalten Krieges« behandelt. Dabei geht es um die entscheidende Frage, ob der britische Premierminister Winston Churchill unter dem Eindruck der militärischen Erfolge und Aktionen der Roten Armee 1944/45 eine bedrohliche kontinentale Hegemonialpolitik Moskaus befürchtet und zur gemeinsamen Abwehr derselben eventuell Restkontingente der deutschen Wehrmacht (die sich in britischer Kriegsgefangenschaft befanden) zum Einsatz vorgesehen und auch noch nach Kriegsende in Bereitschaft gehalten hat (Arbeitsbataillone). Kurz vor dem totalen Zusammenbruch des »Dritten Reiches« hatten bekanntlich zahlreiche deutsche Politiker und Militärs gehofft, den Ansturm der Sowjetstreitkräfte mit Hilfe der Westmächte aufhalten und damit Europa im letzten Augenblick doch noch vor dem Eindringen des Bolschewismus bewahren zu können. Vor allem Hitlers Nachfolger, Großadmiral Dönitz, hatte im Mai 1945 auf diese Karte gesetzt. Indessen wurde er sehr bald eines besseren belehrt.
Immerhin hatten in den letzten Kriegswochen viele Indizien dafür gesprochen, daß sich die Spannungen – von wilden Gerüchten und Spekulationen begleitet – innerhalb der »Antihitlerkoalition« zugespitzt hatten. Diesen Prozeß hat

der Verfasser ebenso anschaulich wie erkenntnisfördernd beschrieben. Allerdings bedürfen zahlreiche Detailfragen weiterer Klärung.
Ob der Historiker mit seinem Urteil soweit gehen kann, wie dies A. Smith an einer Stelle getan hat, nämlich anzudeuten, daß die Konflikte zwischen den Verbündeten im Jahre 1945 fast einen dritten Weltkrieg verursacht hätten, bleibt fraglich. Schon die psychologische Gesamtlage, die in ihrer Bedeutung für die Entscheidungen der letzten Kriegsmonate in der Untersuchung des Verfassers vielleicht nicht ganz hinreichend berücksichtigt worden ist, wäre dafür ein entscheidendes Hindernis gewesen, vor allem weil die Amerikaner die sowjetische Politik damals noch nicht ganz so pessimistisch beurteilten wie die Briten. In dem Augenblick, in dem sich nach der Befreiung zahlreicher NS-Vernichtungslager noch einmal der ganze Haß und die Empörung gegen alles, was Deutsch war, unter den Alliierten gesteigert hatten, das Steuer um 180 Grad herumzuwerfen und mit den Deutschen gemeinsame Sache gegen die Sowjetunion zu machen, wäre unter den gegebenen Umständen wohl kaum vorstellbar gewesen. Hinzu kommt, daß die materielle und personelle Basis für das Zusammengehen mit Resten der deutschen Wehrmacht, die sich in einem desolaten Zustand befand, mehr als zu wünschen übrig ließ. Freilich: seit 1943 hatten die Politiker Großbritanniens und der Vereinigten Staaten vor einem wachsenden Dilemma gestanden: Wie konnten sie das NS-Deutschland mit seinen Verbündeten in Mitteleuropa endgültig schlagen ohne die künftige Vorherrschaft der Sowjetunion auf dem Kontinent zu begünstigen? Die großen Demokratien – und das hatte der Verlauf des Krieges bis dahin deutlich gezeigt – waren in diesem erbarmungslosen Kampf an allen Fronten gezwungen, wollten sie selbst überleben, die Sowjetunion zu unterstützen. Nur solange diese »fremdartige« Koalition, die über rd. 75% aller personellen und materiellen Reserven

der Welt verfügte, zusammenhielt, konnte der gefährliche Gegner niedergerungen werden, der sich um die Jahreswende 1944/45 noch ein letztes Mal aufgebäumt und verzweifelt versucht hatte, das Schicksal zu wenden (Ardennenoffensive). Die Frage, ob sich durch eine frühzeitigere Landung der Alliierten 1942 oder 1943 in Frankreich oder auf dem Balkan, wie es Churchill verschiedentlich vorgeschlagen hatte, die Lage wirklich zugunsten der Westmächte entwickelt hätte, gehört in das Reich der Spekulation. Die Alliierten haben das Unternehmen »Overlord« (Landung in Nordfrankreich) vor dem 6. 6. 1944 nicht riskiert und viele Gründe (nicht zuletzt die der Sicherung des Transportes über See) muß man als berechtigt ansehen.

Wie wir heute wissen, haben in Washington, aber vor allem in London Politiker, Beamte und Experten schon frühzeitig damit begonnen, Pläne zu entwerfen und Alternativen zur Diskussion zu stellen, wie die Demokratien auf die neue Lage in Mitteleuropa reagieren sollten. Sie alle teilten mehr oder weniger die Ansicht, daß nach Kriegsende allein die Sowjetunion als Großmacht auf dem europäischen Festland übrig bleiben werde und daß es nicht mehr wie in der Vergangenheit Kräfte geben werde, die das machtpolitische Gleichgewicht wiederherstellen konnten. Insbesondere in Großbritannien bezweifelte man, daß Moskau in Zukunft friedliche Absichten hege, zumal es bereits Maßnahmen zur Festigung seiner Herrschaft in Osteuropa ergriffen hatte.

Die britische Regierung hatte daher, ausgehend von den Vorschlägen des Generals Smuts aus dem Jahre 1943, schon im Herbst 1944 den Plan eines westlichen Sicherheitsblokkes erwogen, d. h. die Staaten Westeuropas sollten eng an das britische Commonwealth herangezogen werden. Mochte ein solches Bündnis auch als Absicherung gegen ein wiederaufstrebendes Deutschland gedacht sein, dahinter verbarg sich der Gedanke, zugleich einem möglichen »Alleingang« der Sowjetunion auf dem Kontinent gewachsen sein zu können. Daß dies ohne die Unterstützung der Vereinigten Staaten aber nicht möglich sein würde, wurde bald allzu offenkundig. So entwickelte sich aus dem 2. Weltkrieg der Ost-West-Konflikt, dessen Ursachen A. Smith mit seinem sehr beachtenswerten Beitrag weiter erhellt hat.

Hans-Adolf Jacobsen
Bonn, im Mai 1978

I.
Die Rede in Woodford

Am 23. November 1954 fand im Wahlkreis von Winston Churchill in Woodford eine Versammlung statt, auf der seiner Gattin ein Geschenk überreicht werden sollte. Für den alten Premierminister, dessen 81. Geburtstag kurz bevorstand, war dies die Gelegenheit, einige zu diesem Anlaß passende Bemerkungen zu machen. Seinen damaligen politischen Sorgen entsprechend stellte Churchill kurze Betrachtungen über die vergangenen zehn Jahre an. Er sagte, daß sich die partnerschaftlichen Beziehungen im Lauf der Zeit und unter neuen Voraussetzungen veränderten und daß es sich mit den Dingen, die noch vor zehn Jahren auf Ungläubigkeit gestoßen wären, heute anders verhielte. Der Premierminister erklärte, es gäbe Persönlichkeiten, die von den wachsenden Gefahren auf der internationalen Bühne schon lange vor jener Zeit alarmiert gewesen seien, und wies darauf hin, daß er selbst 1950 vor dem Unterhaus erklärt habe, Europa könne ohne ein wiederbewaffnetes Deutschland nicht verteidigt werden. Mit Bitterkeit erinnerte er daran, daß man seine Warnung seinerzeit »unverantwortlich« genannt habe.[1]
Plötzlich erwärmte sich Churchill noch mehr für sein Thema. Er verblüffte die Zuhörer, indem er erklärte: »Noch vor Kriegsende, während die Deutschen bereits zu Hunderttausenden kapitulierten und bei uns die Menge jubelnd durch die Straßen zog, telegrafierte ich an Lord Montgomery und wies ihn an, dafür zu sorgen, daß die deutschen Waffen

gesammelt würden, damit man sie ohne weiteres wieder an die deutschen Soldaten ausgeben könnte, mit denen wir würden zusammenarbeiten müssen, wenn die Sowjets ihren Vormarsch fortsetzten.«[2]

Zwar versuchten einige Beobachter sofort, die explosive Mitteilung des Premierministers als impulsiven Scherz zu entschuldigen, wie ihn Churchill oft mache, aber damit hatten sie nicht ganz recht. Sein Freund und Leibarzt, Lord Moran, erinnert sich recht genau an diesen Novembertag. Churchill hatte mit ihm über die Reden gesprochen, die er in nächster Zeit halten wollte, und unter anderem auch die Ansprache vor der Mädchenschule in Woodford erwähnt. Er müsse dabei irgendetwas Interessantes und Mitteilenswertes sagen, hatte Churchill gemeint. Moran schreibt: »Augenscheinlich mußte er feststellen, daß jedermann in Woodford nur an seinen Geburtstag (am 30. November) dachte. Es war eine glanzvolle Feier, und es wurden viele Trinksprüche ausgebracht, in denen man seinen Weitblick lobte. Dann fragte irgendjemand ihn nach den Russen. . . Er war entschlossen, seine Zuhörer wissen zu lassen, daß er angesichts verschiedener unerfreulicher Möglichkeiten schon im Frühjahr 1945 Vorsichtsmaßnahmen treffen wollte, und zwar zu einer Zeit, als die Amerikaner noch damit beschäftigt waren, mit Stalin Freundschaft zu schließen, und die Gefahr des Kommunismus noch nicht wahrhaben wollten.«[3] Der Premierminister hatte ganz offensichtlich die Büchse der Pandora geöffnet.

Als zweiter Hauptdarsteller in diesem historischen Drama wurde Feldmarschall Montgomery verständlicherweise sofort zum Gegenstand der Aufmerksamkeit. Im Augenblick befand sich der alternde Kriegsheld auf einer Besuchsreise in Amerika. General Eisenhower hatte ihn eingeladen, an der Columbia University einen Vortrag zu halten. Über die erstaunliche Mitteilung befragt, die sein alter Freund am Abend zuvor in Woodford gemacht hatte, erklärte Montgomery militärisch knapp: »Ich habe meine Befehle ausgeführt.« Zwar schien ihn das alles zu überraschen, er lehnte jedoch jede weitere Stellungnahme ab und wiederholte nur: »Es ist wahr.«[4] Die *Times* brachte für ihre englischen Leser einen ähnlichen Bericht und zitierte den Feldmarschall wie folgt: »Ich habe ein Telegramm erhalten; ich sage aber nicht, was geschehen ist.« Auf die Frage, ob die militärische Ausrüstung der Deutschen im Meer versenkt worden sei, lächelte er nur.[5]

Die Weltpresse reagierte erwartungsgemäß ganz unterschiedlich auf die Rede in Woodford und zeigte Erstaunen, Ärger, Unwillen, Bitterkeit, an bestimmten Orten aber auch Lob und Bewunderung. Die *Times* stellte die Frage: »Hätte er erwarten können, daß sich Erinnerungen und Gefühle über Nacht auflösen?«[6] Die Frage der *Times*, warum Churchill sich zu der Erklärung von Woodford entschlossen habe, spiegelt vermutlich das Erstaunen vieler Engländer wider. Daß die Russen zu einer Bedrohung geworden waren, schien zwar richtig, aber die Behauptung, es habe 1945 Engländer gegeben, die bereit waren, an der Seite der Deutschen gegen die Russen zu kämpfen, schien völliger Unsinn zu sein.[7]

In einem kurzen Bericht über die Reaktionen der ausländischen Presse meldete die *Times*, die französischen Zeitungen hätten die Rede recht gelassen aufgenommen, während die Russen empört gewesen seien und Churchill beschuldigt hätten, er habe die Deutschen 1941 zum Überfall auf die Sowjetunion ermutigt. In den Vereinigten Staaten zitierte man Bernard Baruch, der sich hinter seinen alten Freund gestellt hatte: »Ich habe nie erlebt, daß er einen unehrenhaften Vorschlag gemacht hätte.«[8] Seltsamerweise waren die Pressekommentare in Deutschland zurückhaltend. Hier hieß es etwa: »Churchill ist zu weit vorgeprellt ...«[9] oder »Churchill lüftet Kriegsgeheimnis«.[10] Eine deutsche Zeitung meinte, das Telegramm Churchills sei für die in der deutschen Armee bei Kriegsende verbreitete Annahme verantwortlich, der Westen werde sich ihr im Kampf gegen Rußland anschließen.[11]

Nun forderte ein Unterhausabgeordneter den Premier auf, die Botschaft oder die Botschaften zu veröffentlichen – denn mittlerweile hieß es, Churchill habe auch von einem Telegramm an General Eisenhower gesprochen.[12] Am Donnerstag, dem 25. November, erschien die gedruckte Antwort des Premierministers, die besagte, daß die Botschaft an Eisenhower schon veröffentlicht sei, denn sie sei in Band 6 seines Werks *Der Zweite Weltkrieg* enthalten. Er stellte die entsprechenden Zitate aus dem Buch zur Verfügung. Aber in dem an Eisenhower gerichteten Telegramm vom 9. Mai 1945 war eine Verwendung oder Wiederbewaffnung deutscher Truppen nicht erwähnt.[13]

Churchill hatte seine Bemerkungen in Woodford an einem Dienstagabend gemacht. Kurze Zeit hatten sie zwar das Interesse der Weltöffentlichkeit erregt, aber schon am Wochenende schien die ganze Episode in Vergessenheit geraten zu sein. Das Unterhaus war augenscheinlich bereit, ihm die Entgleisung zu verzeihen, und der Oppositionsführer Clement Attlee wollte die Angelegenheit wohl nicht hochspielen. Allerdings sagte die Parlamentsabgeordnete Barbara Castle ihre Teilnahme an der Geburtstagsfeier für Churchill ab.[14]

Über das, was Churchill gesagt hatte und was er wirklich meinte, herrschte offensichtlich große Verwirrung. Er hatte zwar Botschaften oder Telegramme erwähnt, andererseits aber erklärt, dieses Material sei der Öffentlichkeit zugänglich und in seinem Werk bereits veröffentlicht worden. Viele Leser akzeptierten die Erklärung des Premierministers, und angesichts der bevorstehenden Geburtstagsfeierlichkeiten und des hohen Ansehens seiner Persönlichkeit bestand augenscheinlich kein Interesse, die Angelegenheit weiter zu verfolgen.

Bei seinem Auftritt am gleichen Freitagabend vor den Studenten der Bristol University tat der Premierminister so, als bereite ihm die ganze Verwirrung Vergnügen. Unter lautem Beifall seiner Zuhörer gab er zu, daß er sich vielleicht »ein wenig in die Nesseln gesetzt« habe.[15] Er schien aber andeuten zu wollen, daß das Ganze eigentlich nur ein Sturm im Wasserglas sei.

Wenige Tage später vertraute der Premierminister einem guten Freund an, er mache sich Sorgen, weil das Telegramm an Montgomery tatsächlich nicht in seinem Buch abgedruckt sei und er es auch sonst nirgends finden könne.[16] Das Unterhaus hielt in der kritischen Zeit nach seinen Enthüllungen in Woodford gerade eine kurze Sitzungspause. Sie dauerte fünf Tage, und damit ergab sich für die Tagespresse die Möglichkeit, die Rede ausführlich zu besprechen und zu kommentieren. In der nächsten Sitzungsperiode des Parlaments konnte die Angelegenheit daher nicht ignoriert werden. Zwar gewann Churchill durch die Geburtstagsfeierlichkeiten noch einen Tag, aber am 1. Dezember verlor man keine Zeit, sondern begann sofort mit dem Kreuzverhör.

Die ersten Fragen stellte ein Labourabgeordneter aus Easington. Mit einem stark unterkühlten Antrag bat er um Erlaubnis, das Haus auf die Rede des Premierministers vom 23. November aufmerksam machen zu dürfen. Der Labourabgeordnete, Mr. Emmanuel Shinwell, entschuldigte sich zwar dafür, daß er unmittelbar nach dem Geburtstag des Premierministers eine so kontroverse Angelegenheit zur Sprache bringen müsse, behauptete aber, daß »im Bewußtsein der Öffentlichkeit ziemliche Erregung, Verwirrung und Unsicherheit«[17] entstanden seien.

Nachdem der Premierminister ihn aufgefordert hatte, seine Pflicht zu tun, nahm sich Shinwell mit offensichtlichem Behagen seines Themas an. Er untersuchte die von Sir Winston in Woodford angeblich gemachten Äußerungen und stellte zwischendurch Fragen an ihn. So wollte er zum Beispiel wissen, ob der Premierminister wirklich eine solche Botschaft abgeschickt und tatsächlich im Ernst daran gedacht habe, deutsche Truppen zu bewaffnen, um sie gegen die Sowjetunion kämpfen zu lassen. Es habe sich inzwischen herausgestellt – so fuhr Shinwell fort –, daß keine derartigen Botschaften an Eisenhower oder Montgomery in den von Churchill veröffentlichten Büchern abgedruckt seien. Die Botschaften, die sich in diesen Büchern fänden und von einer kommunistischen Gefahr sprächen, hätten sich zwar als durchaus begründet erwiesen, aber es handele sich keineswegs um direkte Befehle, wonach die deutsche Armee hätte in die Lage versetzt werden sollen, gegen die Sowjets zu kämpfen.[18] Nach dieser Feststellung fragten mehrere Abgeordnete: »Mit deutschen Truppen?« Churchill erwiderte: »Natürlich! Falls sie weiter vorrücken sollten.«[19]

Shinwell setzte seine Ausführungen fort und teilte den Inhalt der veröffentlichten Telegramme an Eisenhower, Truman und Eden mit, die alle nach Kriegsende abgeschickt worden waren. In ihnen wurde zwar erwähnt, daß Waffen und Ausrüstung der Deutschen aufbewahrt werden sollten; aber von einer Verwendung deutscher Soldaten zum Kampf gegen die Sowjetunion war nicht die Rede darin. Shinwell bat die Mitglieder des Hauses, nicht zu vergessen, daß die Westalliierten zu der Zeit, als Churchill angeblich sein Telegramm an Montgomery geschickt hatte, damit beschäftigt gewesen waren, sich auf eine Friedenskonferenz (Potsdam) mit der Sowjetunion vorzubereiten. Der Labourabgeordnete fragte, weshalb Churchill seinen Befehl nicht dem damaligen Oberbefehlshaber der alliierten Streitkräfte, General Eisenhower, sondern Montgomery geschickt habe. Weshalb hatte der Premierminister dieses sehr wichtige Detail nicht in seiner Geschichte des Zweiten Weltkriegs erwähnt?[20]

Mr. Shinwell fragte nun, ob es nicht möglich wäre, daß das

Telegramm gar nicht abgeschickt worden sei, worauf Churchill zustimmend nickte. Doch Shinwell ließ nicht locker, sondern erklärte, es müsse doch irgendetwas dahinterstekken, auch wenn der Premierminister seiner Sache nicht mehr ganz sicher sei.
Habe Churchill die Absicht gehabt, den Krieg fortzuführen? »Stellen Sie sich vor, wie das auf die Truppe gewirkt hätte; auf die letzten tapferen ›Wüstenratten‹, die bei Kriegsende in der Normandie kämpften, wenn man von ihnen, nachdem sie Rommel und seine Streitkräfte geschlagen hatten, nun plötzlich verlangt hätte, sich mit den deutschen Nazi-Truppen zu verbünden, um gegen unsere bisherigen Alliierten zu kämpfen?«[21]
Im gleichen Sinne äußerte Shinwell sein Erstaunen darüber, daß es bei der gegenwärtig herrschenden Erregung in der Sowjetunion nicht zu einem Aufschrei der Empörung gekommen sei, sondern die *Prawda* nur einen kurzen Kommentar veröffentlicht habe. Sollten die Sowjets, fragte Shinwell, etwa gewußt haben, was Churchill vorhatte? »Es war möglich, daß sie es wußten. Wenn sie aber wußten, daß wir damals bereit waren, uns mit den Nazi-Truppen zu verbünden und uns von ihnen unterstützen zu lassen, dann könnte diese Erkenntnis ihre Politik und ihre Haltung seit jener Zeit entschieden negativ beeinflußt haben.«[22]
(Marschall Schukow hat behauptet, amtliche sowjetische Stellen hätten kurz nach Kriegsende von dem Telegramm Churchills Kenntnis erhalten. Der sowjetische Marschall hat das von ihm so bezeichnete »Geheimtelegramm«, das der britische Premierminister »in der letzten Phase des Feldzuges im Westen« an Montgomery geschickt hatte, im wesentlichen so zitiert, wie Churchill seinen Inhalt in Woodford wiedergegeben hatte.)[23]
Jetzt mußte sich der alte Herr verteidigen, und er begann mit der entwaffnenden Feststellung, er habe vielleicht einen Fehler begangen. Er sagte, er habe zur Zeit seiner An-

sprache in Woodford wirklich geglaubt, dieses Telegramm an Montgomery abgeschickt zu haben, und gemeint, es sei auch in seinem Bericht über den Zweiten Weltkrieg enthalten. Der Premierminister gab zu, die ganze Affäre hätte vermieden werden können, wenn er seine Quellen vorher sorgfältig durchgesehen hätte, eine Methode, die er anderen so oft empfohlen habe. Jetzt habe er danach gesucht, aber keine Spur davon finden können. Wenn Montgomery jedoch am 4. Dezember aus Amerika zurückkehren werde, dann werde sicher auch der Feldmarschall seine Akten durchsehen. Churchill bereitete seine Zuhörer allerdings auf eine Enttäuschung vor und deutete an, er habe sich in der ganzen Sache vielleicht doch geirrt.[24]

Obwohl Churchill erklärte, er sei verwirrt und habe die Dinge vielleicht durcheinandergebracht, drückte er sich doch ziemlich klar aus. Er erwähnte zum Beispiel, daß »für dieses besondere Telegramm die Zustimmung des Kabinetts nicht eingeholt wurde. Es hatte nur den Charakter einer Präventivmaßnahme, und wenn es überhaupt abgegangen ist, dann war es eine von ungezählten ähnlichen Botschaften, die damals im Zusammenhang mit der deutschen Kapitulation abgeschickt wurden.«[25]

Er sagte seinen Zuhörern, er habe das sehr starke und deutliche Gefühl gehabt, aus dem Sieg hätte 1945 eine Tragödie werden können, und er habe dieses Gefühl der tiefen Besorgnis nicht verborgen, denn »die Lage, der wir uns im Mai 1945 gegenübersahen, war . . . bedrohlich«.[26] Auch wenn es dieses Telegramm vielleicht nie gegeben habe, entspreche sein Inhalt doch genau seinen damaligen Vorstellungen. »Da es allein in Montgomerys Abschnitt mehr als eine Million entwaffneter deutscher Kriegsgefangener gab, die vor uns kapituliert hatten – ich sage vor uns –, war ich überzeugt, es läge in unserer Verantwortung, Maßnahmen zu ihrem Schutz zu ergreifen; und wenn wir nicht in der Lage gewesen wären, uns an unsere Kapitulationsbedin-

gungen zu halten oder ihnen den Schutz zu gewähren, für den wir verantwortlich waren, dann konnten es unsere Ehre und auch politische Gründe erforderlich machen, ihnen ihre Waffen zurückzugeben.«[27]
Der Premierminister erklärte weiter, sein für einen solchen Fall geplantes Vorgehen sei allein davon abhängig gewesen, ob die Sowjets weiter nach Westen vorrückten. Deshalb habe er es für notwendig gehalten, Rußland zu warnen und zu erklären, »daß wir in diesem Fall die in unseren Händen befindlichen deutschen Kriegsgefangenen, deren Zahl einschließlich derjenigen in Italien schon 2½ Millionen betrug, mit Sicherheit wieder bewaffnen würden«.[28] Dann erklärte er, daß er die deutsche Armee 1945 nicht – wie andere – nach politischen Gesichtspunkten beurteilt habe. »Ich glaube, in der Mehrzahl waren es gewöhnliche Menschen, die zum Militärdienst gezwungen worden waren und verzweifelt kämpften, um ihre Heimat zu verteidigen ... Das war mein Standpunkt im Augenblick des Sieges Anfang Mai 1945.« Schließlich bedauerte er den Vorfall in aller Form und wies darauf hin, wie selten es zu einer solchen Entschuldigung im Parlament käme. Aber er behauptete, er sei in seiner Rede nicht der »Eingebung des Augenblicks« gefolgt.[29]
Erstaunlicherweise stellten die Abgeordneten keine weiteren Fragen, sondern es wurde beantragt, die Erklärung und Entschuldigung Churchills in der vorliegenden Form zu akzeptieren. Wenn man die Stimmung im Unterhaus verstehen will, darf man freilich nicht vergessen, daß sich die Gegensätze des Kalten Krieges im Jahr 1954 schon erheblich verschärft hatten und die Vereinigten Staaten und Großbritannien intensiv darum bemüht waren, als Bollwerk gegen die Ausbreitung des Kommunismus eine europäische Verteidigungsgemeinschaft zu schaffen. Die Episode von Woodford hatte sich in einer Atmosphäre ereignet, die sich in dramatischer Weise von derjenigen im Jahr 1945 unter-

schied, und viele Menschen aus allen Schichten der Bevölkerung stellten sich entschieden hinter die Worte des alten kämpferischen Staatsmannes.
Lord Moran nennt für die gelassene Reaktion des Hauses – wenigstens zu diesem Zeitpunkt – noch einen weiteren Grund. Er schreibt, der Speaker des Unterhauses habe ihm persönlich gesagt, es habe viele Abgeordnete einfach entwaffnet, daß Churchill seinen Irrtum so offen zugab, was sonst ja nicht seine Art sei. Man habe daraufhin erwartet, die Stimmung werde sich beruhigen. Dem guten Doktor gab Churchill seine eigene Erklärung: »Ich habe mich in Woodford zum Narren gemacht, weil ich mich nicht mehr besinnen konnte, wie es tatsächlich gewesen ist.«[30]
Am nächsten Tag, dem 2. Dezember, wurden dem Premierminister zwei kurze schriftliche Anfragen vorgelegt, bei denen es darum ging, welche Bedingungen zwischen Feldmarschall Montgomery und Feldmarschall Busch ausgehandelt worden seien, und ob er bereit sei, darüber Auskunft zu geben, welche Vorbereitungen für den Einsatz deutscher Truppen gegen sowjetische Streitkräfte getroffen wurden.[31]
Diese präzisen Fragen zeigten, daß einige Abgeordnete immer noch an der Ehrlichkeit des Premiers zweifelten. Der wurde jetzt aber ungeduldig und weigerte sich, seine Erklärungen vom Vortage noch zu erläutern.[32]
Die Presse wollte sich mit dieser Geschichte nicht abspeisen lassen und wartete gespannt auf das Eintreffen Montgomerys am 4. Dezember. Die Zeitungen hofften, dann neue Informationen zu bekommen. Montgomery war jedoch gegenüber den Reportern auf dem Flugplatz ebenso wortkarg wie der Premierminister. Er versprach, das Wochenende – es war Samstag – dafür verwenden zu wollen, zu Hause das inzwischen berühmt gewordene Telegramm zu suchen, und sagte, er werde Churchill das Ergebnis mitteilen. Auf die Frage, ob sich das Telegramm in seinen persönlichen Akten befände, erwiderte Montgomery: »Das kann ich nicht sa-

gen. Ich habe eine Botschaft bekommen. Das ist richtig. Das habe ich schon in den Vereinigten Staaten gesagt, und ich wiederhole es. Ich habe es bekommen.«[33] Das war eine recht eindeutige Antwort.
Wenn das Parlament am Freitag geneigt war, zu vergeben und zu vergessen, dann wurde diese Haltung durch die Erklärung Montgomerys am Samstag wieder erschüttert, und obwohl Churchill verlautbaren ließ, er werde demnächst alle diese Angelegenheit betreffenden Informationen veröffentlichen, gelang es ihm nicht, den Angriff abzuwenden.[34]
Mitte der Woche begann die Attacke mit parlamentarischen Anfragen, die den genauen Wortlaut der im Mai 1945 an Montgomery gerichteten Anweisungen und den Stand der Vorbereitungen für den Einsatz deutscher Truppen betrafen. Außerdem wurde Churchill daran erinnert, daß er eine in der vorigen Woche an ihn gerichtete Frage nicht befriedigend beantwortet habe, bei der es um die zwischen Montgomery und seinem deutschen Gegenspieler Busch getroffenen Vereinbarungen ging. Churchill antwortete, er habe das Telegramm noch nicht gefunden und könne daher seinen genauen Wortlaut nicht mitteilen. Zweitens seien deutsche Truppen nach der Kapitulation nicht in Bereitschaft gehalten worden, und drittens habe Montgomery keine Vereinbarungen mit Busch getroffen.[35]
Als es nicht gelang, Churchills Verteidigungsgürtel auf diese Weise zu durchbrechen, versuchte man es auf andere Weise. Man fragte ihn, ob er sich der Tatsache bewußt sei, daß seine Enthüllung die Menschen überall zutiefst schokkiert habe. Davon wisse er nichts, meinte Sir Winston, aber: »Es gibt natürlich immer Leute, die nicht wissen, worüber sie reden sollen.«[36] Sein Freund, Lord Moran, war ähnlicher Ansicht. Er schreibt: »Das Land scheint sich nicht zu interessieren, mit Sicherheit entrüstet sich niemand.«[37]
Churchill muß es besser gewußt haben. In Wirklichkeit hatte eine führende Persönlichkeit – entweder absichtlich

oder ohne es zu wollen – ein monumentales Geheimnis des Krieges gelüftet, das bisher anscheinend so streng gehütet worden war, daß nicht einmal der Oberbefehlshaber der alliierten Streitkräfte darüber informiert worden war. Es war daher wohl etwas naiv, wenn Churchill erwartete, die Menschen würden über diese Enthüllung nicht reden.

Angesehene Persönlichkeiten wie Sir Hartley Shawcross stellten sich auf die Seite des Premierministers. Shawcross sagte, er könne die Aufregung nicht verstehen, denn 1945 hätte jedermann die Gefahr eines russischen Vormarsches erkannt und gefürchtet. »Wenn das geschehen wäre«, meinte der angesehene Jurist, »dann hätten wir uns mit allen Mitteln dagegen wehren müssen. Dazu gehörte unter Umständen auch die Verwendung der unter alliiertem Befehl stehenden Deutschen.«[38] Wenn aber, wie Shawcross behauptete, 1945 die Möglichkeit eines russischen Vormarsches nach Westen jedermann bewußt war, dann war es eigenartig, daß dieser Umstand in den damaligen Dokumenten und Memoiren nicht erwähnt wurde. Sicherlich bestand ein großer Unterschied zwischen der wachsenden Einsicht, daß die Sowjetunion 1945 eine Bedrohung darstellte, und dem sicheren Wissen, daß Stalin vorhatte, weiter nach Westen vorzustoßen, wenn er nicht daran gehindert wurde.

Einige Abgeordnete beschäftigten sich nun mit einem Nebenthema, und zwar mit der Frage, ob Montgomery berechtigt sei, militärische Akten zu behalten, nachdem er aus dem aktiven Dienst ausgeschieden war. Man kam auf diesen Punkt zu sprechen, als dem Premierminister die offenbar ironische Frage gestellt wurde, ob er vorhabe, gerichtlich gegen den Feldmarschall vorzugehen (nach dem Official Secrets Act), weil Montgomery die Verordnung C des Anhangs XXX der Queen's Regulations verletzt habe, wonach er eine Erklärung habe abgeben müssen, daß er keine Unterlagen mehr habe, deren Besitz ihm nicht ausdrücklich von seinem Vorgesetzten erlaubt worden sei. Churchill beant-

wortete die Frage sofort mit einem lauten »Nein!« und wies darauf hin, daß Montgomery nicht aus der Armee ausgeschieden sei und wahrscheinlich auch eine solche Erklärung nicht unterschrieben habe. Er sagte, im übrigen sollte jeder wissen, daß ein Feldmarschall nie pensioniert werde, sondern seinen Rang auf Lebenszeit behalte.[39]
Jetzt versteifte sich der Premierminister auf eine wichtige Frage, mit deren Hilfe er hoffte, einen Ausweg zu finden. Er erklärte ausführlich, daß er intensiv nach dem verlorenen Telegramm gesucht habe. Er habe alle Möglichkeiten erschöpft und sei dann zu dem Schluß gekommen, daß alle streng geheimen Botschaften an Befehlshaber im Felde »auf Befehl sofort vernichtet wurden, nachdem ihr Inhalt mündlich zur Kenntnis genommen war«. Diese Feststellung veranlaßte den Labourabgeordneten William Ross zu dem Ausruf: »Das erklärt das Telegramm!« Ohne sich um den Zwischenruf zu kümmern fuhr Churchill fort und erklärte, es seien sehr viele streng geheime Botschaften an die Front geschickt worden (»Ich stelle fest, daß ich vom 1. Januar bis ... Ende Juli insgesamt 1250 persönliche und private Telegramme mit streng geheimem Inhalt empfangen oder abgeschickt habe.«) Sie seien an der Front vernichtet worden. So hinterließ er den Eindruck, er glaube, das sei auch das Schicksal seines Telegramms an Montgomery gewesen.[40] Einige Abgeordnete unternahmen noch den Versuch, den genauen militärischen Status von Montgomery festzustellen, und machten verschleierte Andeutungen, mit denen sie sagen wollten, der Feldmarschall stünde nicht über dem Gesetz. Die Diskussion war inzwischen freilich unter einer Fülle von Anträgen zur Geschäftsordnung fast erstickt, und es konnte, was dieses Thema betraf, keine endgültige Klarheit geschaffen werden.[41]
Die Debatte wurde am 14. Dezember wieder aufgenommen. Einige Abgeordnete erinnerten daran, daß Churchill während der deutschen Offensive in den Ardennen (1944/

45) von Stalin verlangt habe, die Russen sollten die deutschen Streitkräfte an der Ostfront mit starken Kräften angreifen, was auch geschehen sei. Ein Abgeordneter fragte: »Ist sich der Premierminister nicht der Tatsache bewußt, daß Hunderttausende junger Russen ihr Leben hingegeben haben, während er nur wenige Monate später bereit war, die deutsche Kriegsmaschine wieder aufzubauen?« Die scharfe Entgegnung Churchills lautete: »Hunderttausende junger Briten haben in den ersten zwei Kriegsjahren ihr Leben hingegeben, als die Russen noch mit Hitler verbündet waren.«[42]

Offensichtlich hatten viele Abgeordnete sich im Lauf der Zeit mit diesem Fragenkomplex vertraut gemacht und waren dabei auf eine Reihe anderer Begleitumstände und Probleme gestoßen. Ein Abgeordneter fragte den Premierminister, ob er wisse, daß ein ganz ähnliches Telegramm an das alliierte Hauptquartier in Italien geschickt worden sei, und zwar etwa um die gleiche Zeit wie das Telegramm, das 1945 angeblich an Montgomery abgegangen war. Churchill erklärte, die Anordnung, deutsche Waffen und Ausrüstung aufzubewahren, könnte routinemäßig an beide Feldmarschälle (Montgomery und Alexander) gegangen sein. Der Abgeordnete, Mr. Lewis, teilte mit, ein ehemaliger Hauptmann des Heeres, der im alliierten Hauptquartier in Italien Funksprüche entschlüsselt habe, hätte auch dieses Telegramm dechiffriert. Bevor man diese Angelegenheit noch weiter verfolgen konnte, meinte Churchill, zu jener Zeit habe manchmal große Verwirrung geherrscht und man habe unter erheblichem Druck gestanden. »Es war eine Menge los.«[43]

Vielleicht dachte der Premierminister dabei auch an die Bedrohung durch einen kommunistischen Vormarsch, die er sowohl auf dem Balkan als auch im baltischen Raum für gegeben ansah. Die Akten des Feldmarschalls Alexander[44] enthalten tatsächlich Telegramme Churchills von Anfang

Mai 1945, die in ihrem Wortlaut dem angeblich an Montgomery geschickten sehr ähnlich sind. Alexander mußte unter Umständen damit rechnen, daß Titos Partisanen, die von den Sowjets unterstützt wurden, den britischen Polizeitruppen in Jugoslawien Widerstand leisteten. Am 5. Mai hatte Alexander dem Premierminister mitgeteilt, es habe sich eine äußerst angespannte Lage entwickelt, und der jugoslawische Partisanenführer weigere sich, seine Kräfte vor den Briten zurückzunehmen. Warnend fügte Alexander hinzu: »Wir müssen daran denken, daß er seit unserem letzten Zusammentreffen in Moskau gewesen ist.« Die sofortige Antwort des Premierministers lautete: »Teilen Sie mir mit, welche Kräfte Sie gegen diesen Stoßtrupp Moskaus konzentrieren, dessen Spitze Tito ist.«[45] Churchill wollte Tito am liebsten ein energisches Telegramm schicken, um ihn vor einem Angriff auf britische Truppen zu warnen, aber Alexander meinte, das werde nichts nützen. Er schrieb an den Premierminister: »Ich bin überzeugt, unsere Soldaten werden gehorchen, aber ich glaube kaum, daß sie, wenn sie nun gegen die Jugoslawen eingesetzt werden, mit der gleichen Begeisterung kämpfen werden wie gegen die verhaßten Deutschen.«[46]

In den Parlamentsdebatten 1954 kam der Meinungsaustausch zwischen Churchill und Alexander nicht zur Sprache. Als der Premierminister nach den offiziellen Telegrammen gefragt wurde, die den Befehlshabern an der Front geschickt worden waren, erklärte er, daß keines der »in unseren Londoner Akten verfügbaren Telegramme den offiziellen Historikern vorenthalten worden ist«.[47]

Der letzte in der Öffentlichkeit ausgetragene Meinungsaustausch über die Affäre von Woodford erfolgte am 14. Dezember und endete mit schriftlichen Anfragen an den Premierminister über neue Gespräche, die er vielleicht mit Feldmarschall Montgomery über das Telegramm geführt hätte. Die Abgeordneten wollten wissen, ob das Telegramm gefunden worden sei und ob Churchill beabsichtige, den Inhalt im (offiziellen Parlamentsbericht) *Hansard* zu veröffentlichen. Die Stellungnahme Churchills war kurz. Er erklärte, er habe seine Meinung zu der Sache am 7. Dezember deutlich zum Ausdruck gebracht, und die Lage bliebe unverändert. Er weigerte sich entschieden, den Inhalt seiner Gespräche mit Montgomery oder irgendeiner anderen Persönlichkeit bekanntzugeben und beendete die Debatte ärgerlich mit den Worten: »Ich kann mich nicht erinnern, daß Parlamentsabgeordnete jemals so etwas verlangt haben.«[48] Damit war die Affäre von Woodford abgeschlossen.

Im folgenden werden wir versuchen, den Nachweis zu führen, daß der Kalte Krieg vor allem durch die Feindseligkeiten und Meinungsverschiedenheiten zwischen Großbritannien und der Sowjetunion ausgelöst wurde, die 1943 ein kritisches Ausmaß angenommen und im Mai 1945 fast zu einem dritten Weltkrieg geführt haben.

Deutschland, das damals in der Agonie der völligen Auflösung lag und nach jedem Strohhalm gegriffen hätte, um zu überleben, war die Macht, mit der sich Churchill verbünden wollte, um die sowjetischen Armeen an einem weiteren Vorrücken nach Nordwesteuropa zu hindern. Wochen und Monate nachdem der Zweite Weltkrieg in Europa offiziell zuendegegangen war und Churchill das Amt des Premierministers abgegeben hatte, beschuldigte Sowjetrußland Großbritannien immer noch, eine starke deutsche Armee in Bereitschaft zu halten. Die Sowjets belegten ihre Vorwürfe meist mit Einzelheiten über Namen und Orte, und sie nannten Verbände, die in der britischen Besatzungszone militärisch ausgebildet würden.

Wenn ein so prominenter westlicher Politiker wie Winston Churchill in Woodford vor seinem Volk so offen redete und seinen Zuhörern erlaubte, Einblick in sein Denken und Handeln während des Krieges zu nehmen, dann muß man das ernst nehmen. 1954, als Churchill in Woodford sprach, hatte sich der Kalte Krieg wesentlich verschärft und wurde allgemein als Gegensatz zwischen der Sowjetunion und den Vereinigten Staaten begriffen. Es war aber noch möglich, die Umrisse eines früheren Gegensatzes zu sehen, der in erster Linie zwischen Großbritannien und Rußland bestanden hatte.

Die Geschichte der Differenzen zwischen beiden Nationen nach dem Sieg der Bolschewiken 1917 ist lang, und die Beziehungen zwischen ihnen sind nur selten spannungsfrei gewesen, auch wenn sich die feindliche Haltung auf beiden Seiten gelegentlich milderte und zeitweilig eine am Rande der Toleranz stehende Stimmung vorzuherrschen schien. Solche Perioden relativer Ruhe gab es in den zwanziger und dreißiger Jahren. Als aber Mussolini und Hitler an die Macht kamen, wurde eine neue Bedrohung fühlbar. Die Entwicklung der faschistischen Staaten veranlaßte eine Reihe von Engländern, gegenüber der Sowjetunion nachsichtiger zu werden. Aber viele Briten vertraten auch die entgegengesetzte Auffassung und erklärten, die Faschisten seien »das beste Bollwerk gegen den Kommunismus«. Diese Meinungsverschiedenheiten und das ausgesprochene Verlangen des ganzen Volkes, alle Konflikte um jeden Preis zu vermeiden, ließen die Entscheidung, auf welche Seite man sich stellen sollte, am Ende des Jahrzehnts vor dem Kriege zur brennendsten außenpolitischen Frage werden.

Bei Kriegsbeginn im September 1939 waren die Gegensätze zwischen der Sowjetunion und Großbritannien als Folge des Münchener Abkommens und des Pakts zwischen Molotow und Ribbentrop unüberwindlich geworden. Der deutsche Überfall auf die Sowjetunion im Jahre 1941 schien dem Lauf der Geschichte jedoch eine neue Richtung zu geben, und in den folgenden zwei Jahren wurde alles von dem Bemühen überschattet, Hitler militärisch zu schlagen. Viele Menschen vergaßen, daß der Krieg die unwahrscheinlichsten Bundesgenossen zusammenführt und daß das Einverständnis zwischen Briten und Sowjets kein Dauerzustand sein konnte. Es hat tatsächlich nicht einmal den Krieg überlebt. Schon 1943 gab es alliierte Spekulationen darüber, ob man die Kriegsmaschine Hitlers einsetzen könne, um ein russisches Vordringen nach Europa zu verhindern. Aber alle vorhandenen Quellen weisen darauf hin, daß der entscheidende Schritt von bloßen Überlegungen zum aktiven Handeln von Großbritannien und nicht von den Vereinigten Staaten getan worden ist. Es ist schwer zu sagen, weshalb die Vereinigten Staaten oder vielmehr einige ihrer führenden Persönlichkeiten im Kriege sich 1943 größere Sorgen um eine russische Expansion nach Europa gemacht haben als 1945. Einer der Hauptgründe ist vermutlich darin zu sehen, daß die Vereinigten Staaten in der Zwischenzeit erheblich stärker geworden waren.

Das alles bedeutete, daß die Besorgnis Churchills, allein mit den Russen fertigwerden zu müssen, einen realen Hintergrund hatte, und daß ihn diese Sorgen ohne Zweifel veranlaßt haben, noch vor Kriegsende die ersten Maßnahmen zu ergreifen, um den kommunistischen Vormarsch aufzuhalten. Es ist sehr wichtig, zu berücksichtigen, daß die Versuche, in britischer Hand befindliche deutsche Streitkräfte einsatzbereit zu halten, weitergingen, nachdem Churchill sein Amt an den der Labourpartei angehörenden Clement Attlee übergeben hatte. Diese Maßnahmen standen mit Sicherheit in Zusammenhang mit den Spannungen zwischen Großbritannien und der Sowjetunion, die 1945 und 1946 laufend zunahmen. (1947 entsprachen sie auch der politischen Linie der Vereinigten Staaten.) Obwohl die deutsche Wehrmacht zu dieser Zeit schon aufgelöst war, sprachen militärische und politische Führer im Westen offen von der Notwendigkeit, neue deutsche Streitkräfte aufzustellen, und es war ein öffentliches Geheimnis, daß viele Staatsmänner die Auflösung der deutschen Armee bedauerten.

2.
Politik und Strategie der Westalliierten im vierten Kriegsjahr

Während des Jahres 1943 begannen die politischen Führer der Westalliierten, ernsthaft darüber nachzudenken, welche Folgen es haben könnte, wenn die Sowjetunion den Sieg über Deutschland davontragen würde. Es war ein in mancher Hinsicht entscheidendes Jahr. Der Krieg war an seinem Wendepunkt angekommen, und die Achsenmächte gingen von der Offensive zur Defensive über. Für die westlichen Planer war es unvorteilhaft, daß dies die Folge eines russischen Sieges bei Stalingrad und nicht einer alliierten Invasion auf dem europäischen Kontinent war. Die Vision eines von den Russen besetzten Europa zu einer Zeit, da sich die alliierten Streitkräfte noch in England versammelten, mußte sie in der Tat sehr erschrecken.

Im Rückblick auf diese Ereignisse erklärte ein Historiker des Kriegsministeriums im Jahre 1948 bedauernd: »Vielleicht hätten wir unserer Politik nach dem sowjetischen Sieg bei Stalingrad und der ersten erfolgreichen sowjetischen Gegenoffensive Anfang 1943 eine neue Richtung geben müssen. Hätten wir uns mit den Deutschen, wenn auch nicht mit den Nazis, geeinigt, dann hätten wir ihre Reserven an Menschen und Industriepotential einsetzen können, um die Sowjetunion in Schranken zu halten.«[1]

Betrachtet man die Zeit und die Ereignisse im Licht einer solchen Analyse, dann brachte ein Frieden mit Deutschland im Jahr 1943 offensichtliche Vorteile für beide Seiten (sowohl für die Sowjetunion als auch für die Westalliierten).

Gewisse Fakten ließen sich deutlich erkennen: Eine alliierte Invasion war erst in einem Jahr möglich, und die Sowjets befanden sich schon auf dem Vormarsch nach Westen. Wenn Deutschland plötzlich zusammenbrach, was in diesem Jahr als reale Möglichkeit erschien, dann würden die Russen Mittel- und Westeuropa noch vor den Westalliierten erreichen. Das Vorhaben einer Invasion auf dem Kontinent wäre nur ein Plan geblieben, und die Sowjetunion hätte sich der Welt als die Nation präsentiert, die Hitler besiegt hatte. Das hätte sich niemals hinwegdiskutieren lassen, und das damit für die Sowjetunion gewonnene gewaltige Prestige hätte den gesamten Verlauf der Nachkriegsgeschichte in Europa beeinflußt.
Solche Gedanken müssen im Frühjahr 1943 die Staatsmänner und militärischen Führer im Westen immer wieder bewegt haben, und unter diesen Voraussetzungen überrascht es nicht, daß viele Leute ernsthaft nach möglichen Alternativen gesucht haben. Es gab in der Tat nur zwei reale Möglichkeiten, den russischen Vormarsch aufzuhalten, und beide erforderten sehr drastische Maßnahmen, wenn es auch nur eine Chance für den Erfolg geben sollte.
Es ergaben sich u. a. folgende Alternativen: Man konnte einen Separatfrieden mit Hitler schließen und zulassen, daß die Deutschen den Krieg im Osten gegen die Sowjetunion fortsetzten, oder, im Fall eines deutschen Zusammenbruchs, konnte man die bewaffneten Streitkräfte Hitlers den Alliierten unterstellen und die Russen zwingen, in Osteuropa stehenzubleiben.
Vielen Menschen im Westen schien ein Separatfrieden aus vielen Gründen günstiger zu sein. Hanson Baldwin schrieb: »Es wäre im Interesse Großbritanniens, der Vereinigten Staaten und der Welt gewesen, wenn man es zugelassen hätte, daß die beiden großen Diktaturen einander bis zur gegenseitigen Vernichtung bekämpften – und man hätte sie sogar dazu ermutigen sollen; denn wir brauchten Rußland

nicht, sondern Rußland brauchte uns. Im Rückblick: wie töricht sind wir gewesen!«[2]
Daß die Sowjets plötzlich ihre Verbündeten verlieren könnten, war natürlich auch ihnen bewußt. Im Sommer 1943 gab Stalin ganz offen seiner Besorgnis darüber Ausdruck, daß Italien vor dem Westen kapituliert hatte, ohne daß Rußland gleichberechtigt an dieser Entwicklung beteiligt wurde. Woran er dachte, war nicht schwer zu erraten. Ein sowjetischer Journalist fragte: »Bedeuten diese Verhandlungen (mit den Italienern), daß London und Washington auch mit Göring verhandeln werden, wenn die Zeit gekommen ist?«[3]
Der sowjetische Marschall I.S. Konjew meinte, wahrscheinlich wäre es den Westalliierten am liebsten, wenn die Deutschen an der Westfront kapitulierten und der Krieg gegen die Sowjetunion fortgeführt würde. »Wir könnten diese Möglichkeit keineswegs ausschließen.«[4]
Um die Ereignisse in der richtigen Perspektive zu sehen, darf man aber auch nicht vergessen, daß seit 1938 erst fünf Jahre vergangen waren. Die Öffentlichkeit erinnerte sich noch sehr gut an das Jahr 1938 und das Münchener Abkommen. »Ich bin mir immer der Tatsache bewußt gewesen, daß München mit all seinen katastrophalen Folgen für Europa sich nicht ereignet hätte«, schrieb der tschechische Führer Eduard Beneš, »wenn Westeuropa gegenüber der Sowjetunion nicht so feindlich eingestellt gewesen wäre.«[5]
Insbesondere hielt es Beneš in jenem entscheidenden Jahr 1943 für einen wesentlichen Teil seiner Verantwortung, zwischen dem Westen und Stalin einen möglichst weitgehenden Ausgleich zu schaffen, um Hitler jede Chance zu nehmen, an der Ostfront freie Hand zu bekommen. Bald mußte Beneš zugeben, daß er bei der Durchführung seiner selbstgestellten Aufgabe kaum Erfolg hatte, denn während »ich in Washington auf volles Verständnis stieß . . . war die Lage in London doch etwas anders«. Er sah sich zu dem düsteren Schluß gezwungen, daß die Deutschen, die sich der

Gegensätze zwischen Ost und West in allen Nuancen durchaus bewußt waren, bald mit einer auf die westliche Welt gezielten intensiven antibolschewistischen Kampagne beginnen und in Washington und London leider offene Ohren finden würden.[6]
Die Nazis, die mit allen denkbaren Tricks arbeiteten, richteten ihren Propagandafeldzug gegen den Westen, wie Beneš es vorausgesagt hatte, beurteilten aber zugleich die Russen ganz richtig als den viel realistischeren potentiellen Partner in Friedenszeiten. Ironischerweise vertraten auch einige Persönlichkeiten des deutschen Widerstandes gegen Hitler die gleiche Auffassung.[7]
Wie zu erwarten, entstanden überall auf der Welt in den Botschaften und Konsulaten wilde Gerüchte und unbestätigte Meldungen über die Vorbereitung eines Separatfriedens. Ein amerikanischer Diplomat meldete 1943 aus Finnland, der deutsche Außenminister Ribbentrop bemühe sich aktiv um einen sofortigen Kompromiß mit Rußland. Ähnliche Meldungen kamen von anderen diplomatischen Vertretungen in der Schweiz und in Spanien. Sie gründeten sich angeblich auf zuverlässigste Quellen und behaupteten sogar, Ribbentrop sei schon in Moskau.[8]
Joachim von Ribbentrop war 1938 mit der Leitung des Auswärtigen Amts beauftragt worden und ein ergebener Gefolgsmann Hitlers. Er hatte schon 1942 den Vorschlag gemacht, man sollte diplomatische Fühler ausstrecken und feststellen, ob sich eine Übereinkunft mit Moskau erreichen ließe. Nachdem der ›Führer‹ jede solche Möglichkeit ärgerlich zurückgewiesen hatte, ließ der nationalsozialistische Minister eine gewisse Zeit verstreichen, bevor er die Angelegenheit noch einmal vortrug. Er meinte, der in Kürze zu erwartende Zusammenbruch Italiens böte eine günstige Gelegenheit, sich wieder mit dieser Frage zu beschäftigen, und im Frühjahr 1943 bat er um die Erlaubnis, ein Treffen mit Stalin zu vereinbaren.[9] Zwar weigerte sich Hitler auch

jetzt noch, aber Ribbentrop spielte bei diesen ersten Spekulationen über mögliche Friedensfühler auch weiterhin eine wichtige Rolle. Nach den uns heute vorliegenden Unterlagen hatte er Hitler schon nach der Landung der Alliierten in Afrika im November 1942 einen Plan für ein solches Vorgehen vorgelegt und seine Bemühungen in dieser Richtung trotz der zornigen Zurückweisung durch Hitler fortgesetzt. 1943 fand Ribbentrop in Benito Mussolini einen mächtigen Verbündeten. Der italienische Diktator besprach das Problem im Frühjahr mit Hitler bei einem Zusammentreffen in Österreich. Wieder lehnte Hitler alle solche Vorschläge ab.[10]

Es ist fast unvorstellbar, daß Ribbentrop ein Treffen mit den Sowjets während des Krieges ohne Wissen der Westalliierten arrangiert haben könnte, und doch schreibt der hochangesehene Kriegshistoriker Liddell Hart: Nach Aussagen »deutscher Offiziere, die als Fachberater zugegen waren, schlug Ribbentrop [im Juni 1943 hinter den deutschen Linien in Kirowograd] als Friedensbedingung vor, daß Rußlands künftige Grenze am Dnjepr verlaufen sollte, während Molotow etwas anderes als die Wiederherstellung der russischen Grenzen nicht in Betracht ziehen wollte«.[11] Leider gibt Liddell Hart zur Stützung dieser erstaunlichen Behauptung keine Quellen an. Wenn eine solche Begegnung stattgefunden haben sollte, so darf man freilich vermuten, hätte Ribbentrop sie in Nürnberg erwähnt. (Wenn man ihn nicht daran gehindert hat, was äußerst unwahrscheinlich erscheint.)

Wenn wir uns aber auf etwas sichereren Boden begeben, dann gibt es noch greifbarere Hinweise auf die Bemühungen Ribbentrops um einen Separatfrieden als das fragwürdige Treffen an der Ostfront. Dieser andere Aspekt des Puzzlespiels um den Separatfrieden begann etwa zur gleichen Zeit wie die angeblichen Vorbereitungen für ein Ribbentrop-Molotow-Treffen. Im Juni 1943 nahm der osteuropäische Geschäftsmann Edgar Clauß Verbindung mit einem deutschen Berater Ribbentrops, Peter Kleist, auf. Wie Kleist berichtet, wurde er am 18. Juni in Stockholm von Clauß angesprochen, der behauptete, enge Beziehungen zur obersten sowjetischen Führung zu haben. Unter anderem habe sich Clauß darüber beschwert, daß sich die Errichtung der zweiten Front verzögerte und die Westalliierten sich augenscheinlich damit zufriedengaben, den Russen die ganze Last des Krieges aufzubürden.[12]

Als Ribbentrop von diesem Kontakt hörte, war er zunächst skeptisch, interessierte sich dann aber doch. Wie Kleist meint, wußte der Außenminister sehr wohl, daß Hitler solche Unternehmungen grundsätzlich ablehnte. Er verlangte aber, über alle weiteren Kontakte informiert zu werden. Kleist interpretierte das in dem Sinne, daß Ribbentrop ihm keinen spezifischen Auftrag geben konnte, aber die in Stockholm aufgenommenen Verbindungen inoffiziell weiter pflegen wollte.[13] Nach einiger Zeit erhielt Kleist von seinem Stockholmer Informanten die Mitteilung, man hielte ihn für den geeigneten Mann, die vorbereitenden Gespräche zu führen. Dabei ließ man ihn wissen, daß zu den russischen Forderungen die Wiederherstellung der Grenzen von 1914 gehören werde. Pflichtgemäß gab Kleist diese Information weiter. Inzwischen war aber zu viel Zeit vergangen, und offensichtlich hatten es die Russen nicht mehr nötig, weiterzuverhandeln.[14] Interessanterweise kam auch die militärische Führung der Westalliierten etwa um die gleiche Zeit zum selben Schluß.[15]

Die Verhandlungsposition der Deutschen wurde auch dadurch geschwächt, daß die Sowjets davon gehört hatten, daß die Deutschen russische Kriegsgefangene unter General Andrej Wlassow an der Ostfront einsetzen wollten.[16]

Wohl erschwerten es Intrigen und Gerüchte den Westmächten, die Lage richtig zu beurteilen, aber die Informationen, die sie besaßen, reichten aus, die Möglichkeit eines

Separatfriedens zwischen Deutschland und der Sowjetunion ernst zu nehmen. Deshalb sah man sich gezwungen, die Planungen und Vorbereitungen für die »Zweite Front« mit äußerster Energie voranzutreiben. Mit der Formel von der bedingungslosen Kapitulation verband sich auch die Vorstellung, daß die Sowjetunion so stark an den Westen gebunden werden müsse, daß jede Übereinkunft mit Deutschland ausgeschlossen war.

Am 23. Januar 1943 verkündete Präsident Franklin D. Roosevelt auf der Konferenz von Casablanca den Beschluß, nur die bedingungslose Kapitulation Deutschlands annehmen zu wollen. Als Mitglied des Kabinetts Churchill schrieb Lord Hankey: »Am Mittag des folgenden Tages, Sonntag. . ., weniger als vierundzwanzig Stunden nachdem die Formel zum ersten Mal erwähnt worden war, gab er sie – offensichtlich ohne das mit Churchill vereinbart zu haben – den Vertretern der Weltpresse bekannt, die sich im Garten der Villa versammelt hatten, wo er und Mr. Churchill im warmen afrikanischen Sonnenschein saßen.«[17]

Die Londoner *Times* meldete, der amerikanische Präsident habe sich, wie er den Journalisten erklärte, von dem amerikanischen General U.S. Grant zu dieser Formel inspirieren lassen.[18] Roosevelt fügte hinzu, nach seiner Auffassung sei dies nicht eine gegen die Bevölkerung der feindlichen Länder gerichtete Politik der Vernichtung, sondern sie richte sich gegen ihre Führung. Am Schluß kamen beide Staatsmänner überein, das Treffen als die »Konferenz der bedingungslosen Kapitulation« zu bezeichnen, und »Mr. Churchill. . . wiederholte. . . die Formel, der Mr. Roosevelt einen so eindrucksvollen Rahmen gegeben hatte«.[19]

Natürlich ist es richtig, daß Roosevelts Formel weder spontan noch originell war, denn Churchill hat später erklärt, er habe bei den Gesprächen mit den Mitgliedern seines Kriegskabinetts am 20. Januar zum gleichen Thema ebenfalls die Worte »bedingungslose Kapitulation« verwendet.[20]

Wichtig war jedoch nicht, wo die Formel geprägt worden war, sondern welche Wirkung ihre Bekanntmachung hatte.

Um die Politik der bedingungslosen Kapitulation kam es bald zu Kontroversen. Die Schwierigkeit lag in der Entscheidung, ob die positiven Aspekte die negativen überwogen. Die offensichtlichen und sofort wirksamen Vorzüge waren der Propagandawert und der Umstand, daß die Entschlossenheit der Alliierten bekräftigt wurde, Deutschland härter anzupacken als 1918 nach dem Ersten Weltkrieg. Man hoffte, Stalin werde diese Politik unterstützen. Auf den ersten Blick schien es gar nicht unvorteilhaft, wenn man den Feind wissen ließ, daß es für ihn kaum noch einen Ausweg gab.

Der deutsche Widerstand war interessanterweise bereit, die Formel von der »bedingungslosen Kapitulation« zu akzeptieren – jedenfalls gegenüber den Westmächten, denen man unterstellte, »daß in deren Lager doch zuletzt nüchterne Staatsräson über den nackten Vernichtungswillen siegen ... und den deutschen Staat vor dem Schicksal totaler Vernichtung retten würde. Offensichtlich war nicht nur an einen Waffenstillstand ... gedacht, sondern an eine Art Vereinigung deutscher und angelsächsischer Streitkräfte – zum mindesten an eine sofortige Besetzung ganz Deutschlands von Westen her ...«[21] Einer der Gründe für diese Überlegungen war vermutlich die Existenz des »Nationalkomitees Freies Deutschland«, mit dessen Hilfe die Sowjets ihrerseits eine antifaschistische Widerstandsbewegung aus kriegsgefangenen deutschen Offizieren aufzubauen versuchten. Für die konservativen, west-orientierten Widerständler stellte diese Organisation eine deutliche Konkurrenz dar. Andererseits schien die Formel von der »bedingungslosen Kapitulation« auch der Sorge ein Ende zu machen, daß es Hitler selbst gelingen könnte, einen Waffenstillstand zu schließen.[22]

Andererseits war die Forderung der Alliierten natürlich für Propagandaminister Goebbels ein glänzendes Argument, größere Anstrengungen an der Heimatfront und von den Soldaten im Felde den Kampf auf Leben und Tod zu verlangen. Ein amerikanischer Beamter im Office of Wartime Information (OWI) erklärte: »Einige Monate nach Casablanca ergab es sich . . . aus der Analyse der Feindpropaganda sowie aus Aussagen Kriegsgefangener, daß die ›bedingungslose Kapitulation‹ ein Schuß war, der nach hinten loszugehen drohte.«[23]

Für die Westalliierten gab es immer noch die Möglichkeit, wieder die Initiative zu ergreifen und einen massiven Propagandafeldzug in Gang zu setzen, um das deutsche Volk davon zu überzeugen, daß es nicht vernichtet werden sollte und daß eine baldige Kapitulation dies beweisen werde. Dazu aber war es notwendig, daß auf höchster Ebene, möglichst von Roosevelt selbst, eine Klarstellung erfolgte. Das OWI verfaßte den Entwurf einer Erklärung, welche die »Haltung der amerikanischen Regierung gegenüber dem deutschen Volke« darlegen sollte, und legte sie dem Präsidenten im Mai 1943 zur Begutachtung vor. Darin wurde den Deutschen, die das Hitlerregime nicht unterstützten, einige Hoffnung auf einen Ausweg gemacht. Der Präsident gab jedoch die Erklärung zurück und unternahm nichts. Spätere alliierte Treffen bestätigten nur die bisherige politische Linie. Als sich Roosevelt endlich zu einer Klarstellung entschloß, war es zu spät, um den entstandenen Schaden gutzumachen.[24]

Die eigentlichen Verlierer waren die Leute in der amerikanischen Behörde für psychologische Kriegführung (Psychological Warfare Division, PWD oder »Sykewar«), denn sie konnten jetzt nichts mehr versprechen. Sie unternahmen jeden Versuch, ihre Glaubwürdigkeit wiederzugewinnen, indem sie unermüdlich verkündeten, das Ziel aller Bemühungen der alliierten Streitkräfte sei die deutsche Armee

und nicht die Zivilbevölkerung. Es gab aber kaum Anzeichen dafür, daß dies irgendeine Wirkung gehabt hat.[25]
Ehemalige deutsche militärische Führer haben nach dem Kriege die Frage untersucht, welchen Einfluß das Verlangen nach der bedingungslosen Kapitulation in Casablanca gehabt hat. In einer Quelle finden wir den Bericht über ein Gespräch zu diesem Thema zwischen General von Falkenhausen und Feldmarschall von Kluge im Juni 1944 in Paris. Falkenhausen sagte, die Lage der Deutschen sei hoffnungslos, wenn nicht Verhandlungen mit den Alliierten eingeleitet werden könnten und zugleich an der Heimatfront etwas gegen Hitler unternommen würde. Kluges Antwort lautete: »Sicherlich, wenn die Bedingungslose Kapitulation nicht wäre!«[26]
Die Forderung nach der bedingungslosen Kapitulation hat in der Tat »die Russen in der Zuversicht bestärkt, daß der Westen trotz der unvermeidlichen Verzögerungen bei der Eröffnung der zweiten Front immer noch entschlossen war, energisch zu kämpfen ... sobald die materiellen Kräfte für die Erledigung dieser Aufgabe konzentriert waren«.[27] Wohl hatten die Russen das alles schon früher gehört, sie mußten sich jedoch mit der Hoffnung zufriedengeben, daß das Versprechen eingehalten würde.
Sehr wesentlich waren in diesem Zusammenhang die früheren Differenzen zwischen den Vereinigten Staaten und Großbritannien im Hinblick auf den Zeitpunkt für die Eröffnung einer zweiten Front. Churchill hatte mit Nachdruck die Auffassung vertreten, der Westen sollte mit einer Invasion auf dem Kontinent warten, bis er zu einem späteren Zeitpunkt über stärkere Kräfte verfügte. Den Standpunkt der Vereinigten Staaten brachte der amerikanische Chef des Stabes, General George C. Marshall zum Ausdruck, der den Plan unterstützt hatte, schon 1942 mit starken Kräften in Frankreich zu landen, was sich zwar als völlig unmöglich erwies, aber deutlich zeigte, wie ungeduldig

die Amerikaner waren und wie wenig sie sich mit einer Verzögerung zufriedengeben wollten. Die Meinungsverschiedenheiten waren erheblich, und sie wurden nicht sorgfältig geheimgehalten.[28] Stalin erfuhr sehr bald von den einander widersprechenden Ansichten und wurde zusehends ablehnender gegenüber den Briten.[29]

Damit, daß er schon 1941/42, als das noch völlig unmöglich war, von den Alliierten die Eröffnung einer Invasionsfront verlangte, hat es Stalin nach Ansicht mancher Beobachter dem britischen Premierminister erleichtert, »auch später solche Forderungen zu diskreditieren... Es besteht aber kaum ein Zweifel daran, daß der sowjetische Diktator die britische Untätigkeit auf dem Kontinent sogar schon im Jahre 1941 als wohlüberlegte politische Absicht angesehen hat.«[30]

Im Mai 1942 hatte der russische Außenminister Molotow Washington besucht, und Roosevelt hatte versichert, die sowjetische Regierung »könne noch in diesem Jahr mit einer zweiten Front rechnen«.[31] Später wurde diese Zusage dann so interpretiert, daß der Ausdruck »kann damit rechnen« noch kein bindendes Versprechen gewesen sei. Man habe nur sagen wollen, daß man jede Anstrengung unternehmen werde, um möglichst noch im Oktober 1942 eine Invasion zustande zu bringen.[32]

Verständlicherweise war Stalin verbittert,[33] aber die Sowjets haben die Zusage des amerikanischen Präsidenten vielleicht doch nicht ganz so ernst genommen: »Es ist viel wahrscheinlicher, daß die Russen nervös reagierten, weil vor dem Kriege in der britischen und amerikanischen Presse, bei Parlamentsdebatten und im amerikanischen Kongreß zum Ausdruck gekommen war, daß es die Westalliierten für günstig hielten, wenn sich Deutschland und die UdSSR gegenseitig zerfleischten.«[34]

Bekannte Persönlichkeiten wie Wendell Wilkie schütteten Öl ins Feuer. Wilkie war im September 1942 in Moskau ge-

wesen und vertrat nun die Ansicht, die politischen Führer in den Vereinigten Staaten und Großbritannien müßten »öffentlich unter Druck gesetzt werden«, eine zweite Front zu errichten. Wilkie machte kein Geheimnis daraus, daß er den Briten die meiste Schuld für die Verzögerung gab.[35]
Im Oktober hörte man aus Moskau offene Kritik. Es ging um den politischen Einfluß der »Clivedon-Klique« und Lady Astors. Außerdem bemängelte man, daß Rudolf Heß zu nachsichtig behandelt würde. Ganz allgemein »verstärkte die Verzögerung der zweiten Front die fundamentale Antipathie gegenüber den Westmächten, die so viele Russen in den vergangenen fünfundzwanzig Jahren empfunden hatten«.[36] Wenn man die sowjetische Presse und Literatur der damaligen Zeit liest, stellt man fest, daß die Alliierten überall beschuldigt wurden, die Dinge zu verschleppen; die bittersten Vorwürfe richteten sich dabei gegen die Briten. Das veranlaßte den britischen General Frederick Morgan zu der Bemerkung, er sympathisiere zwar mit der amerikanischen Auffassung, aber »die Vorwürfe aus dem Kreml... (würden) mit der Zeit ziemlich lästig«.[37]
Weil die Möglichkeit eines Separatfriedens ständig im Hintergrund diskutiert wurde und keine Aussicht auf eine baldige Errichtung der zweiten Front zu bestehen schien, erreichten die Beziehungen zwischen den Sowjets und den Westalliierten im Sommer 1943 einen Tiefstand. Weitere Sorge bereitete den Alliierten die immer stärker werdende Überzeugung, Deutschland müsse jeden Augenblick zusammenbrechen, was den Russen erlauben würde, in das so entstandene Vakuum vorzustoßen, bevor der Westen mit starken Kräften gelandet war. Die Möglichkeit, daß die Rote Armee Europa besetzte, während die Westalliierten noch in England Truppen für eine Invasion konzentrierten, schien sich täglich immer deutlicher abzuzeichnen.
Um für jeden Eventualfall gerüstet zu sein, hatten die Westmächte zwei parallellaufende Pläne entwickelt. Brach der

Gegner überraschend zusammen, wollten sie auf relativ schmaler Front nach Deutschland vorstoßen. Gleichzeitig aber sollten die Vorbereitungen für eine regelrechte Invasion auf breiter Front im Jahre 1944 fortgesetzt werden. Der Invasionsplan für 1944 mit dem Decknamen OVERLORD begann mit der Festlegung eines bestimmten Datums, nach dem sich die Planungsstäbe orientieren konnten. Das galt aber nicht für die andere Operation, bei der man mit vielen Imponderabilien rechnen mußte.

Dieses Vorhaben mit dem Decknamen RANKIN (vorher SLEDGEHAMMER und ROUNDUP) stand unter der Leitung von General Frederick Morgan, der im April 1943 seinen Auftrag übernahm. Von Anfang an war es klar, welche Schwierigkeiten sich bei der Planung für RANKIN ergeben mußten. Zunächst konnte Morgan keine präzise Auskunft darüber erhalten, was sich die alliierten Chiefs of Staff unter einem deutschen Zusammenbruch vorstellten. Deshalb beschloß der General, eine Operation zu planen, die irgendwo in der Mitte zwischen einer Invasion und der völligen Auflösung der feindlichen Streitkräfte lag; dabei konnte er alle möglichen Zwischenlösungen aber keineswegs ausschließen.[38]

Das war leichter gesagt als getan, und auch im Juli 1943 war der Plan noch nicht fertig. Immer noch suchte Morgan nach der richtigen Definition des Begriffs »Zusammenbruch« und überlegte, wie eine rasche Besetzung Deutschlands organisiert werden könnte. Morgan schreibt: »Es war schwer, jemanden zu finden, der über diese Fragen ernsthaft nachgedacht hatte.«[39]

Unter dem Namen RANKIN wurden schließlich Pläne für drei verschiedene Möglichkeiten entworfen:

a) ein Durchbruch alliierter Kräfte durch eine geschwächte deutsche Verteidigungslinie,

b) ein Rückzug der Deutschen aus bestimmten Abschnitten und

1

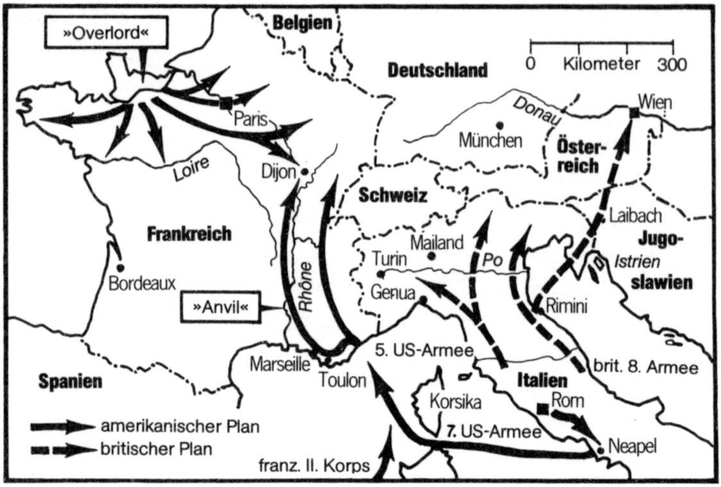

Mit der Vernichtung der deutschen 6. Armee in Stalingrad hatte die Sowjetunion den ersten entscheidenden Sieg gegen Hitler errungen. Das brachte die Westalliierten in Zugzwang: Im Juli 1943 beginnt die Invasion in Italien, im Juni 1944 die Landung in Frankreich. Vordergründig ging es dabei um den westlichen Beitrag zur Niederwerfung des Hitler-Regimes. Stalin hatte ja seit langem die Eröffnung einer »zweiten Front« durch die Westalliierten gefordert. Churchill aber dachte noch weiter. Er war überzeugt, die Westalliierten könnten eine Besetzung Europas durch die Rote Armee nur dadurch verhindern, daß sie Berlin, Prag und Wien vor den sowjetischen Truppen erreichten. Er machte deshalb den Vorschlag, die italienische Front zu verstärken und über den Balkan nach Wien vorzustoßen (Karte 1). Das hätte den Krieg zwar verlängert, aber die anglo-amerikanischen Truppen wären sehr früh weit nach Osten gelangt. Die Amerikaner freilich setzten sich durch: Auf die Landung in der Normandie (»Overlord«) folgte die Landung in Südfrankreich (»Anvil«).

Auch im Herbst 1944 gab es Gegensätze zwischen Briten und Amerikanern. Während Churchill und Montgomery ehrgeizige Pläne hatten, über Belgien und Holland ins Reich einzubrechen und auf Berlin

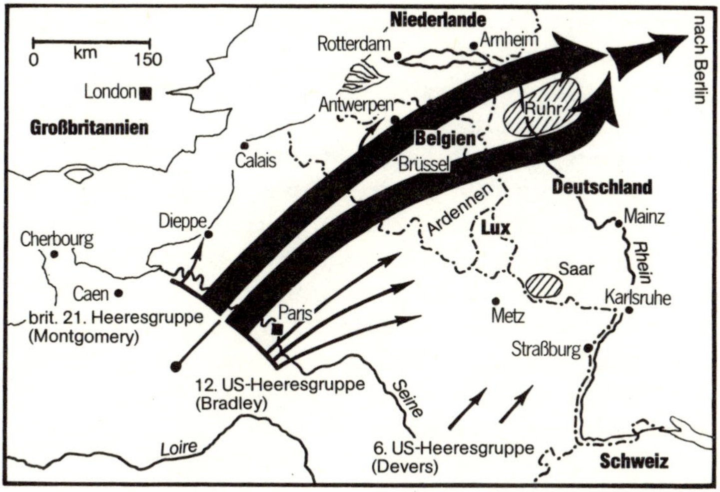

2

vorzustoßen (Karte 2), verließ sich Eisenhower darauf, die Kampfkraft der deutschen Armeen auf »breiter Front« zu vernichten (Karte 3).

Während die Briten nach Norddeutschland und die Amerikaner nach Bayern und Österreich vorstießen, wurde Berlin von der Roten Armee eingenommen.

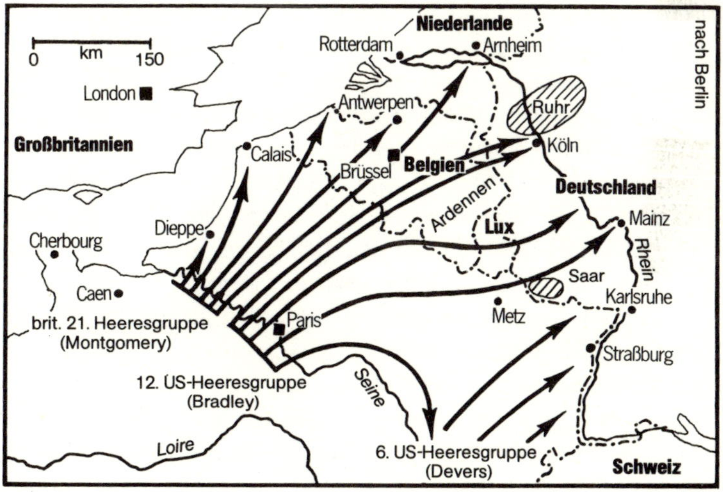

3

c) ein vollständiger Zusammenbruch der deutschen Front wie 1918.
Die Planungen für c waren unter der Bezeichnung *»Post Hostilities Planning«* schon seit langem in Arbeit, aber die Ergebnisse waren noch dürftig. Man hatte nur vage ins Auge gefaßt, daß nach dem Zusammenbruch Deutschlands die Briten den Nordwesten, die Amerikaner den Südwesten und die Russen den Osten besetzen sollten. Es gab hier jedoch noch keine detaillierten Ausführungsbestimmungen, und man hatte sich noch nicht über die genauen Grenzen zwischen den Besatzungszonen geeinigt. Auch die Frage, wie Deutschland regiert werden, wie viele Verwaltungen es geben und was mit Berlin geschehen sollte, war noch nicht beantwortet. Der Vorschlag, daß jede Besatzungszone von den drei Siegermächten gemeinsam verwaltet werden könnte, stand zur Diskussion. Allerdings wurden die Russen nicht an den Planungen beteiligt.[40] Das war die allgemeine Lage, als die erste Konferenz von Quebec im August vor der Tür stand und die Alliierten sich versammelten, um ihre Probleme zu besprechen. In dieser Atmosphäre brachte besonders der amerikanische Chef des Stabes, General George C. Marshall, seine Besorgnis über die sowjetischen Absichten zum Ausdruck.
Am 20. August gab der britische Chef des Stabes, Sir Alan Brooke, einen Überblick über die militärische Lage der Russen und kam zu dem Schluß, die Rote Armee sei stark und ihre Position verbessere sich ständig. Die Chance, daß Deutschland einen Verhandlungsfrieden mit den Russen erreichte, hielt er für sehr gering. General Marshall erwähnte das (oben genannte) »Nationalkomitee Freies Deutschland« deutscher Kriegsgefangener in Rußland, das mit Propagandaeinsätzen am Kampf gegen die Nazis teilnahm, und sprach dann von Meldungen aus jüngster Zeit, aus denen hervorging, daß sich in der Sowjetunion eine feindselige Einstellung gegen die Westalliierten breit-

machte. Marshall hatte den Eindruck, daß die Sowjets gegenüber ihren westlichen Verbündeten »immer deutlicher« ihre Geringschätzung zeigten. »Ihre jüngsten Verlautbarungen über die Einrichtung einer zweiten Front entspringen nicht mehr der Verzweiflung.« Marshall schloß mit einer Frage an die britischen Stabschefs: Waren sie der Ansicht, daß die neue russische Haltung Veränderungen beim Einsatz der alliierten Truppen möglich oder notwendig machte? »Würden die Deutschen zum Beispiel im Fall eines überwältigenden russischen Erfolges unseren Einmarsch nach Deutschland erleichtern, um die Russen aufzuhalten?«[41]

Sir Alan Brooke räumte ein, daß er darüber nachgedacht habe, ob sich durch das Chaos bei Kriegsende für die Russen die Gelegenheit ergeben könnte, das kommunistische Einflußgebiet zu vergrößern. Er habe über diese Frage sogar sehr eingehend mit dem im Exil lebenden tschechischen Präsidenten Eduard Beneš gesprochen, aber Beneš habe die Ansicht vertreten, »Rußland werde nach dem Kriege ungeheuer geschwächt sein und eine gewisse Zeit brauchen, um sich zu erholen. Um diesen Erholungsprozeß zu beschleunigen, benötige Rußland aber ein friedliches Europa.« Der Chef des Stabes kam zu dem Schluß, man brauche den Russen wohl nur den von ihnen geforderten Teil Polens und einige der baltischen Staaten zu geben und auf dem Balkan Zugeständnisse zu machen. »Wenn es diese Gebiete erhält, dürfte Rußland gern bereit sein, uns bei der Aufrechterhaltung des Friedens in Europa zu helfen.«[42]

Es ist eigenartig, daß Sir Alan Brooke so großen Wert auf die Ansicht von Beneš gelegt hat, obwohl die Westalliierten über die Situation so besorgt waren. Die Chiefs of Staff verfügten doch über die verschiedensten Nachrichtenquellen und waren auf das Urteil eines Einzelnen sicher nicht angewiesen. Zwar glaubte man nicht, an der Loyalität des tschechischen Politikers zweifeln zu müssen, es ließ sich aber auch nicht sagen, ob er es verstehen würde, mit Stalin umzugehen. Clement Attlee meinte dazu: »Der kleine Beneš *(sic)* war überzeugt, er hätte alles im Griff. Viel zu spät erst stellte er fest, daß er den Kommunisten nicht vertrauen durfte . . . Er hielt sich einfach für zu schlau.«[43]

In den vorangegangenen Monaten Mai und Juni 1943 hatte Präsident Beneš Großbritannien, Kanada und die Vereinigten Staaten besucht, wo er auf einer Konferenz im Weißen Haus mit Churchill und Roosevelt zusammengetroffen war. Von diesem Treffen gibt es kein offizielles Protokoll, aber Beneš schreibt, der Zweck der Konferenz sei es gewesen, daß er den beiden westlichen Staatsmännern seine Auffassung über die Teilung Deutschlands und andere damit in Zusammenhang stehende Fragen vortrug.[44] Beneš erwähnt nicht, daß er zu dieser Zeit auch mit Alan Brooke gesprochen hatte. Er war aber schon damals überzeugt, 1943 sei das entscheidende Jahr.[45]

Er erklärte, im April 1943 hätten ihm die Sowjets bei einem Treffen in Moskau versichert, nur ehrliche Absichten zu haben: »Die Sowjetunion war entschlossen, den Krieg gegen Deutschland bis zum Ende weiterzuführen. Aber die russischen Auffassungen über (die Behandlung) Deutschlands nach dem Kriege hingen im einzelnen weitgehend von der Haltung Amerikas und Großbritanniens ab.«[46] Beneš gab zu verstehen, der Westen brauche die Sowjetunion, um den Krieg zu gewinnen, auch die Deutschen dächten so. Bedauerlich sei es, daß die Westalliierten und ihr russischer Bundesgenosse ihre Bemühungen im Kampf gegen Deutschland nicht vernünftig aufeinander abgestimmt hätten. Beneš meinte, die Differenzen zwischen beiden Lagern nähmen im gleichen Maße zu, in dem die Sowjetunion Erfolge gegen Deutschland erziele.[47]

Trotz der wachsenden Spannungen, unter denen die Konferenz in Quebec stattfand, wurde das Unternehmen RANKIN genehmigt. General Morgan schrieb, die Befehle und

Direktiven zu RANKIN C seien Ende Oktober 1943 an die amerikanische Erste Heeresgruppe und die britische Einundzwanzigste Heeresgruppe hinausgegangen.[48] Der amerikanische General Omar Bradley meinte freilich, daß »im November... nicht ein einziger Offizier in London zwei Shilling darauf gewettet hätte, daß Deutschland zusammenbrechen werde... RANKIN C verschwand sehr bald in den Akten.«[49]

Nach der Konferenz von Quebec und vor Beginn der Konferenz in Teheran Ende November glaubten die Alliierten, Anzeichen dafür zu entdecken, daß Stalin an der Errichtung einer zweiten Front lange nicht mehr soviel gelegen war wie im vorangegangenen Sommer. General Marshall hatte das schon auf der Konferenz von Quebec bemerkt, und später im Oktober ließ sich in der sowjetischen Haltung eine noch deutlichere Wandlung feststellen; die Russen waren jetzt offensichtlich bereit, eine Verschiebung von OVERLORD hinzunehmen, damit zunächst die Operationen in Italien zum Abschluß gebracht werden könnten.[50] Den Sowjets hatte man schon Stalingrad als kriegsentscheidenden Sieg angerechnet; jetzt stellten sie sich offensichtlich die Frage, ob es nicht günstiger sei, den Nazis allein den Garaus zu machen, anstatt für die westliche Hilfe an einer Invasionsfront später einen politischen Preis zu bezahlen.[51]

Die fundamentalen Gegensätze zwischen den Westalliierten und der Sowjetunion wurden immer komplexer und sichtbarer. Aber die Vorbereitungen für die bevorstehende Konferenz in Teheran (28. November bis 1. Dezember) gingen weiter, und nach außen hin behandelten sich die Gesprächspartner mit äußerster Zuvorkommenheit. Einen sehr aufschlußreichen Bericht über die Stimmung Stalins auf der Konferenz verfaßte der amerikanische Diplomat Charles E. Bohlen. Seine geheimen Aufzeichnungen von Gesprächen bei einem Essen am 29. November 1943, an dem Vertreter aller drei Parteien teilnahmen, enthalten folgende Sätze: »Am bemerkenswertesten bei diesem Essen war die Haltung des Marschalls Stalin gegenüber dem Premierminister. Marschall Stalin ließ keine Gelegenheit vorübergehen, Mr. Churchill eins auszuwischen. . . Mehrmals ließ Stalin durchblicken, daß Mr. Churchill eine geheime Zuneigung zu Deutschland habe und es seine Absicht sei, einen weichen Frieden zu schließen.«[52] Die Russen seien einfache Menschen, sagte Stalin, aber man dürfe nicht glauben, sie würden das Offensichtliche nicht erkennen. Bohlen interpretierte das als Ausdruck der Verärgerung Stalins über die britische Haltung in der Invasionsfrage.[53]

Bei dem zur Feier des 69. Geburtstags von Winston Churchill am folgenden Abend gegebenen Essen wendete sich Stalin wieder gegen die Briten. Zunächst wurden von beiden Seiten sehr schmeichelhafte Trinksprüche ausgebracht; aber als der Chef des Stabes der britischen Armee an die Reihe kam, »stand Marschall Stalin zwar neben den anderen, behielt jedoch das Glas in der Hand und. . . sagte augenzwinkernd, er bedaure, daß Sir Alan so unfreundlich zur Sowjetunion sei und gegenüber den Russen eine harte und mißtrauische Haltung einnähme«.[54]

Im weiteren Verlauf des Abends kam es zu einem erneuten Wortwechsel zwischen dem sowjetischen Marschall und General Brooke, während Churchill versuchte, die Wogen mit versöhnlichen, humorvollen Worten zu glätten.[55] Doch jeder hatte gesagt, was er dachte, und das gegenseitige Mißtrauen – man könnte sogar von Antipathie sprechen – war ganz deutlich spürbar.

Eine alte Bekannte von Winston Churchill erinnert sich, daß sie ihn nur ein einziges Mal deprimiert erlebt habe, und zwar nach seiner Rückkehr von der Konferenz in Teheran. Als sie ihn fragte, was ihn bedrücke, sagte Churchill: »Ich habe in Teheran zum erstenmal erkannt, daß wir ein sehr kleines Volk sind. Da saß ich, auf der einen Seite flankiert von dem großen russischen Bären mit ausgestreckten Tat-

zen. . . und auf der anderen Seite vom großen amerikanischen Büffel. Dazwischen saß der arme kleine britische Esel, der als einziger von den Dreien den richtigen Weg nach Hause kannte.«[56]
Der britische Kriegspremier war ohne Zweifel überzeugt, der erste Schritt auf dem »richtigen Weg nach Hause« bestünde darin, daß man die militärischen Erfolge der Sowjetunion als Problem sah und Roosevelt ebenfalls davon überzeugte. Schon auf dem Weg nach Teheran hatte er dem amerikanischen Präsidenten seine Überlegungen anvertraut. »Deutschland ist am Ende, wenn es auch noch einige Zeit dauern kann, bis wir die Trümmer aufgeräumt haben. Das eigentliche Problem ist jetzt Rußland«, stellte er fest, klagte aber zugleich: »Es gelingt nur nicht, die Amerikaner zu dieser Einsicht zu bringen.«[57] Auch andere beklagten sich über die Amerikaner. General Brooke vertraute während der Konferenz seinem Tagebuch an, daß er neben allen anderen Schwierigkeiten daran verzweifele, »unsere amerikanischen Freunde zur strategischen Einsicht zu bringen. Die Behinderung durch sie hat unsere Strategie im Mittelmeerraum und die gesamte Kriegführung erheblich belastet.«[58]
In den ersten Kriegsjahren hatte man äußerste Anstrengungen unternommen, um die Rüstungsproduktion in Gang zu bringen und Kräfte zu sammeln. Jetzt war man vom Endsieg überzeugt, wenn sich auch das Ende des Krieges noch nicht absehen ließ. Deshalb richtete sich die Aufmerksamkeit zunehmend auf die Zeit nach dem Kriege. Über die politischen Fragen konnte man nicht länger hinweggehen. Zwar schienen die Vereinigten Staaten durchaus geneigt, politische Fragen bis zur Friedenskonferenz zurückzustellen, aber die Mahnungen der britischen Führer waren nicht mehr zu überhören. Der Sohn des amerikanischen Präsidenten, Elliot, der seinen Vater als Beobachter nach Teheran begleitete, schreibt, als Churchill sich für eine Invasion auf

dem Balkan ausgesprochen habe, sei es »jedermann klar gewesen«, daß er damit in Wirklichkeit versucht habe, ein Vordringen der Russen in dieses Gebiet zu verhindern. »Stalin wußte das, ich wußte es, jeder wußte es.« Später sagte ihm sein Vater: »Das Schlimme ist, der Premierminister denkt zuviel an die Zeit nach dem Kriege und überlegt sich, wo England dann stehen wird. Er fürchtet sich davor, die Russen zu stark werden zu lassen.«[59]

Der eigentliche Gegensatz war in der Grundeinstellung von Briten und Amerikanern zu suchen. Nach dem Kriege haben die Briten den Amerikanern immer wieder den Vorwurf gemacht, sie hätten kein Verständnis für die Zusammenhänge zwischen politischer und militärischer Strategie. Im Lauf der Geschichte hatte sich zwischen dem britischen Politiker und dem Heerführer eine enge Zusammenarbeit entwickelt. Die Erfahrungen aus dem Empire und dem Commonwealth hatten dazu geführt, daß die militärischen Führer politisch dachten. Für den britischen Soldaten waren die politischen Folgen jeder Schlacht von höchster Bedeutung. Hinsichtlich der amerikanischen Strategen aber kam der Militärhistoriker Hanson Baldwin zu dem Ergebnis, daß sie »militärisch vernünftig, aber politisch schwach« seien.[60] Diese Einschätzung wurde von vielen britischen Kriegsteilnehmern wie etwa General Leslie Hollis geteilt. Als höherer britischer Offizier hat er an vielen Konferenzen während des Krieges teilgenommen. Roosevelt hielt er politisch für ignorant, lobte aber Churchill, der die Absichten Stalins durchschaut habe. Hollis bedauerte besonders die Gegenwart von Roosevelts »Clique«: General Marshall, Botschafter Joseph Davies, Harry Hopkins und Roosevelts Sohn Elliot, die »keine Gelegenheit vorübergehen ließen, die Sowjetunion zu loben, ob es nun begründet war oder nicht«.[61]

Ein großer Teil dieser in der Kriegspropaganda versteckten Kritik ist natürlich schon lange öffentlich bekannt, und

wenn wir sie dokumentieren wollen, dann müssen wir bei der Verwendung der Quellen eine gewisse Auswahl treffen. Vor allem sollte aber betont werden, daß Churchill und einige Mitglieder seiner Regierung sich gerade im Jahre 1943 in schmerzlicher Weise bewußt wurden, daß ihr Beitrag zur Mitgestaltung der Nachkriegswelt eng begrenzt bleiben würde. Seit 1941 war Hitler in erster Linie durch die Vereinigten Staaten und Rußland geschwächt worden. Ohne die amerikanische Kriegsproduktion und ohne den Verschleiß der deutschen Militärmacht im Osten hätte Großbritannien 1943 vielleicht schon Teil des von den Nationalsozialisten besetzten Europa sein können.
Niemand wußte besser als Winston Churchill, daß sein geliebtes England bei Kriegsende einer noch entscheidenderen Schlacht entgegensehen konnte als 1940. Die Spielregeln hatten sich verändert, und auch die Spieler waren andere geworden. Die Vereinigten Staaten als stärkste Weltmacht hielten die Zügel in unerfahrenen Händen, während sich die Sowjetunion wie ein gewaltiger Gletscher dem Herzen Europas näherte.
Alle diese beängstigenden Wahrheiten und noch mehr müssen den britischen Führern deutlich bewußt gewesen sein, als 1944 der endgültige Sieg über die Deutschen vor der Tür stand. Wir können nur vermuten, von welchen Fragen und Zweifeln sie gequält wurden, wenn sie an die unmittelbare Zukunft dachten. Doch ein britischer Verteidigungsexperte, C.J. Bartlett, hat gesagt, 1944/45 seien die wichtigsten Fragen für den »kleinen britischen Esel« die folgenden gewesen: »Welchen Wert hatte in einer solchen Lage die zweitgrößte Flotte der Welt? Welchen Wert hatte in dieser neuen Welt des asiatischen Nationalismus die traditionelle britische strategische Reserve im Fernen Osten, die indische Armee?. . . Wie sollte Großbritannien seine traditionelle Politik fortsetzen, die darin bestand, daß es sich einerseits vom Kontinent abschirmte und sich andererseits auf

ein Gleichgewicht der Kräfte verließ, wenn Rußland sich bald als die einzige wirkliche Großmacht in Europa erwies? Wenn die Sowjetunion eine feindliche Haltung einnahm, wie ließ sich dann jene praktisch autarke Landmasse blokkieren?... War im Atomzeitalter eine zweite ›Luftschlacht um England‹ noch denkbar? Ließ sich aus dem Bomber Command eine strategische Waffe entwickeln, die gegen ein so weit entferntes, riesiges Land eingesetzt werden konnte? Vor allem nachdem diese Waffe schon bei ihren umstrittenen Einsätzen im letzten Krieg von Amerika abhängig war?«[62]

Für Churchill und andere, die seine Überzeugungen teilten, waren die letzten Kriegsmonate in Europa daher keineswegs nur die Zeit, während derer man sich auf den lange erwarteten Sieg freute; diese Monate, die von Befriedigung und Freude hätten beherrscht werden sollen, wurden vielmehr zu einer Periode der Sorgen, Enttäuschungen und zunehmender Hilflosigkeit. Es gab verzweifelte Versuche, die Vereinigten Staaten von der wachsenden sowjetischen Gefahr zu überzeugen, während Deutschland zerbrach und die mächtige russische Armee über Europa hinwegstürmte. Roosevelt hatte sich bereits auf dem Höhepunkt des Krieges damit abgefunden, daß die Sowjets bei Kriegsende den Ostseeraum beherrschen würden,[63] aber der britische Premierminister war nicht bereit, das hinzunehmen.

Je näher der Sieg in Europa rückte und je weiter die sowjetischen Armeen nach Westen vorrückten, desto mehr wurde die britische Deutschlandpolitik von der Sorge beherrscht, das Gleichgewicht der Kräfte in Europa könnte sich damit dramatisch verändern.[64] Gab es noch eine Möglichkeit, den Russen angesichts der immer verzweifelter werdenden Lage der Deutschen Halt zu gebieten? Der wichtigste Faktor waren natürlich die noch intakt gebliebenen deutschen Verbände. Ließ sich eine Politik entwickeln, mit deren Hilfe die Masse der deutschen Streitkräfte und Waffen nach der

Kapitulation den Westalliierten verfügbar blieb? Aber dachte Churchill im Ernst daran, die feindlichen Truppenverbände zu Bundesgenossen zu machen, wenn die Vereinigten Staaten nicht bereit waren, ihn gegen die Russen zu unterstützen?

3.
Ein beunruhigender Sieg

Kaum jemand zweifelte noch daran, daß Hitlers Reich 1945 total zusammenbrechen würde, und die alliierten Streitkräfte verstärkten im letzten Kriegsjahr ihre Anstrengungen, um dieses Ziel zu erreichen. Aber vielleicht war es voreilig, wenn man unterstellte, daß nun überall die letzten Kräfte eingesetzt wurden, um die deutschen Armeen zu schlagen? Von Churchill ist vielmehr die Äußerung überliefert, eine rasche Niederlage Deutschlands könne ihm gestohlen bleiben. »Für das britische Empire war es notwendig, daß britische Truppen in Berlin waren, ehe die Russen dort eintrafen; auf dem Wege dorthin sollten britische Truppen auch Hamburg und Bremen einnehmen, weil man fürchtete, die Russen könnten diese Städte besetzen und am Konferenztisch versuchen, sie zu behalten.«[1]
Die Beziehungen zwischen Großbritannien und den Vereinigten Staaten wurden nicht mehr von der Vorstellung beherrscht, daß ein gemeinsamer Feind um jeden Preis besiegt werden müsse; und obwohl es im Winter 1944/45 beim Vorstoß nach Deutschland zeitweilige Verzögerungen gegeben hatte, war das Schicksal des Naziregimes mit der erfolgreichen Landung in der Normandie schon besiegelt gewesen. Da nun der »Amboß der Notwendigkeit« aus dem Weg geräumt war, mußte man sich anderen wichtigen Überlegungen zuwenden. »Für Churchill, der besorgt den raschen sowjetischen Vorstoß nach Polen und auf den Balkan beobachtete, war der Krieg mehr denn je zum Wett-

lauf um große politische Ziele geworden, und er wollte die Kräfte der Westalliierten auf ein neues Ziel lenken: Er wollte dem russischen Ansturm zuvorkommen.«[2]

Die deutsche Führung übersah nicht die Möglichkeit einer Konfrontation der Westmächte mit der vorrückenden Roten Armee. Hitler war seit Januar 1945 darüber unterrichtet, was die Alliierten für das geschlagene Deutschland geplant hatten, und alle Anzeichen für eine sich erweiternde Kluft zwischen dem Westen und der Sowjetunion wurden natürlich begrüßt. General Walter Warlimont, der sich zu dieser Zeit in Hitlers Hauptquartier aufhielt, schrieb: »An erster Stelle stand [bei Hitler] die Erwartung des Zerfalls der gegnerischen Koalition, für den er immer neue Anzeichen zu entdecken vermeinte.«[3]

Trotz der zunehmenden (allerdings verschieden begründeten) Besorgnisse Churchills und Hitlers bestätigte das Treffen von Jalta im Februar 1945 die Absicht Roosevelts, die Fundamente für die Nachkriegsplanung gemeinsam mit den Sowjets zu legen. Die vorbereitenden Arbeiten, mit denen die Grundsätze für die Entmilitarisierung Deutschlands im einzelnen festgelegt wurden, waren schon abgeschlossen. Darin kam deutlich zum Ausdruck, daß die geschlagenen deutschen Streitkräfte sofort aufgelöst und ihre Waffen vernichtet werden sollten: »Keine deutsche militärische Organisation, gleichgültig unter welchem Namen, unter welcher Bezeichnung oder in welcher Form sie sich auch tarnen möge, darf in Deutschland oder außerhalb dieses Landes aufgestellt oder eingesetzt werden.«[4]

Indessen erweiterte sich im Hinblick auf die Interpretation der russischen Absichten die Kluft zwischen den Alliierten, und sogar die engen Beziehungen zwischen Churchill und Roosevelt kühlten sich ab. Unmittelbar nach Jalta schrieb Churchill: »Er hörte mich nur noch unvollkommen. Ich wußte nicht, wie krank er war, sonst hätte ich es vielleicht als grausam empfunden, so in ihn zu dringen.«[5]

Der britische Premierminister hatte schon deutlich gemacht, daß er den Plan zur Zerschlagung Deutschlands solange ablehnen werde,[6] »bis meine Zweifel hinsichtlich der sowjetischen Absichten beseitigt sind«.[7] Das britische Außenministerium nahm zur Auffassung des Premierministers eine kritische Haltung ein, aber der Chef des Stabes war auf seiner Seite, und bald spürte man, daß die Briten gegenüber den Russen einen militanteren Ton anschlugen. Churchill wurde auch von seinem Kabinett unterstützt, das die Bereitschaft zeigte, »militärische Kräfte zur Erreichung rein politischer Ziele einzusetzen. . . eine Haltung, die damals in den Vereinigten Staaten nicht gerade populär war«.[8]
Im März 1945 stand die endgültige Auflösung der deutschen Armeen bevor; aus dem Osten des Reiches wurde gemeldet, daß beim Vormarsch der Roten Armee Vergewaltigungen und Plünderungen zur Tagesordnung gehörten.[9] Deutsche Zeitungen warnten zwar davor, Gerüchte zu verbreiten, druckten aber bereits täglich Meldungen ab, die von ernsten Gegensätzen zwischen den Westmächten und der Sowjetunion sprachen.[10] Bei dem verzweifelten Versuch, die vorrückenden amerikanischen und britischen Soldaten zu beeinflussen, überschütteten die Deutschen sie mit Propagandaflugblättern, in denen vor einem »Sieg der Roten« und der »Vernichtung der Demokratie« (durch den Kommunismus) gewarnt wurde. »Für die Anglo-Amerikaner würde das ein Anwachsen der russischen Armee auf mehr als zweihundert Divisionen bedeuten, die alle gegen die alliierte Front eingesetzt würden, um die Vorherrschaft des Bolschewismus sicherzustellen.«[11]
Die verschiedensten Persönlichkeiten auf beiden Seiten erneuerten indessen im Februar und März ihre Versuche, im Westen einen Frieden zu erreichen. Seit Januar hatte ein höherer deutscher SS-Offizier die Möglichkeiten sondiert, eine Kapitulation der deutschen Streitkräfte in Norditalien vor den Westalliierten in die Wege zu leiten. Ein Kontakt

war hergestellt worden, und man bereitete weitere Besprechungen vor. Einer der deutschen Teilnehmer schrieb später, man habe den Alliierten bei diesen Vorbesprechungen immer wieder versichert, daß »wir mit unseren Verhandlungen nicht beabsichtigten, einen Keil zwischen die Alliierten zu treiben«. Er behauptete, diese Erklärung habe »Wunder gewirkt«.[12]

Am 10. März erhielt der amerikanische Präsident die Mitteilung, daß der deutsche SS-General Wolff sich (offenbar mit vorläufiger Genehmigung des Oberbefehlshabers West, Feldmarschall Kesselring) in der Schweiz aufhielte und bereit sei, über die Einzelheiten einer Kapitulation der deutschen Streitkräfte in Italien zu sprechen.[13] Angesichts der Fortschritte dieser »Berner Affäre« (die britische und die amerikanische Gesandtschaft in der Schweizer Hauptstadt waren die Treffpunkte) wurde die sowjetische Regierung unterrichtet und eingeladen, Beobachter nach Bern zu entsenden. Zunächst erhoben die Russen keine Einwände. Außenminister Molotow meinte, solche Verhandlungen könnten sich als nützlich erweisen, und ließ erkennen, daß die Sowjetunion daran teilnehmen wolle. Da offensichtlich ein Unterschied darin bestand, ob die Russen als Gesprächspartner oder nur als Beobachter anwesend waren, zögerten die Westalliierten, sich den russischen Forderungen in einer Sache zu fügen, die sie – wenigstens zunächst – als Angelegenheit der Westmächte ansahen.

Die ganze Frage einer deutschen Kapitulation durch Wolff und Kesselring war in den ersten Verhandlungsphasen eine rein militärische Angelegenheit. Wenn man die russischen Forderungen einfach ablehnte, dann hätte man damit vielleicht ein »Wettrennen um die Kapitulation« ausgelöst. Da jedoch Eile geboten schien und das Eintreffen der russischen Vertreter, die in der Schweiz keine diplomatische Mission hatten, ohnehin noch nicht vor der Tür stand, beschlossen die Alliierten, die Sache voranzutreiben und ihre aufgebrachten sowjetischen Verbündeten nötigenfalls später wieder zu versöhnen.[14]

Die Entscheidung, über welche Fragen in Bern zu sprechen sei, fiel im Hauptquartier des alliierten Oberbefehlshabers im Mittelmeerraum, Feldmarschall Alexander, in Caserta. »Die britischen Chefs des Stabes sind der Ansicht, daß allein Feldmarschall Alexander . . . die Verantwortung für die Verhandlungsführung und die dabei getroffenen Entscheidungen zukommt. Die Russen werden deshalb tatsächlich nur den Status von ›Beobachtern‹ haben.«[15] Das britische Außenministerium warnte zwar davor, die Russen allzu kategorisch in die Beobachterrolle zu drängen, weil man fürchtete, dann auch an der Ostfront ebenso behandelt zu werden. Aber der amerikanische Botschafter in der Sowjetunion Harriman empfahl eine harte Haltung, denn er stellte eine zunehmende Arroganz der Sowjets gegenüber den Westalliierten fest.[16]

Am 20. März waren Amerikaner und Briten im Hinblick auf die Gespräche in Bern trotz sowjetischer Vorbehalte zu einer recht festen Haltung gekommen.[17] Man entwarf eine Antwort an Rußland, die die Unterschrift des britischen Botschafters in Moskau tragen sollte. Form und Inhalt des Schreibens ließen erkennen, daß die Westalliierten ihre Gespräche fortsetzen und den Russen lediglich die Rolle eines eingeladenen Beobachters zubilligen wollten. Die Russen reagierten prompt und heftig. Molotow sprach unverblümt davon, daß Briten und Amerikaner »hinter dem Rücken der sowjetischen Regierung« Verhandlungen mit dem Feind führten, nachdem die Sowjets »die Hauptlast des Krieges gegen Deutschland getragen« hätten.[18]

Das war eine sehr deutliche Sprache, und die Antwort erfolgte sofort auf höchster Ebene. Präsident Roosevelt entwarf eine direkt an Stalin gerichtete Erwiderung, wies die Vorwürfe Molotows zurück und erklärte dem sowjetischen Diktator, durch die Verhandlungen würde »der zwischen uns vereinbarte Grundsatz der bedingungslosen Kapitulation« in keiner Weise verletzt. Die Verhandlungen würden deshalb so lange fortgeführt werden, wie sie nützlich seien. Stalin schrieb, auch nach seiner Überzeugung sei es das Kriegsziel, den Gegner zur Kapitulation zu zwingen, Molotows Worte seien aber durchaus berechtigt, denn die Gespräche in Bern beschleunigten keineswegs das Ende des Krieges. Er unterstellte sogar, Roosevelt sei nicht vollständig unterrichtet worden. Die Deutschen versuchten nur Zeit zu gewinnen, um ihre Truppen von Italien an die Ostfront zu verlegen; ja, sie hätten schon drei Divisionen dorthin abgezogen. Das Verlangen Molotows, an den Verhandlungen in Bern direkt beteiligt zu werden, habe daher sehr gute Gründe. Der sowjetische Führer erklärte, hier handele es sich um eine Verletzung der getroffenen Vereinbarungen.[19]

Am Monatsende mußte Roosevelt zugeben, daß die ganze Episode »eine bedauerliche Atmosphäre des Mißtrauens und der Gereiztheit« erzeugt habe. Er bestritt, daß die Deutschen durch die Gespräche in Bern in die Lage versetzt worden seien, Truppen aus Norditalien an die russische Front zu verlegen, und bezeichnete die Erklärung Stalins als »Irrtum«. Roosevelt erklärte sogar, es hätten bisher noch keine Verhandlungen stattgefunden, aber Stalin weigerte sich, das zu glauben, und wiederholte seine Behauptungen. Er schrieb, die Alliierten verweigerten den Sowjets, in der ihnen zukommenden Weise vertreten zu sein:

»Man darf annehmen, daß Sie nicht vollständig unterrichtet worden sind. Was meine militärischen Kollegen betrifft, so haben sie aufgrund der ihnen vorliegenden Daten keine Zweifel daran, daß die Verhandlungen stattgefunden und zu einer Vereinbarung mit den Deutschen geführt haben, nach welcher der deutsche Befehlshaber an der Westfront – Marschall Kesselring – sich bereiterklärt hat, die Front zu öffnen, um den anglo-amerikanischen Truppen den Vor-

marsch nach Osten zu erlauben. Die Anglo-Amerikaner haben sich ihrerseits bereiterklärt, den Deutschen günstigere Friedensbedingungen zu gewähren. . .
Ich kann auch nicht das Schweigen der Briten verstehen, die es zugelassen haben, daß Sie mit mir über diese peinliche Angelegenheit korrespondieren, während sie selbst nichts dazu sagen, obwohl bekannt ist, daß die Initiative in der ganzen Sache mit den Verhandlungen in Bern von den Briten ausgeht.«[20]

Es war jetzt Anfang April, und angesichts der Haltung Stalins in der Berner Affäre machte die britische Regierung den Vorschlag, die Westalliierten sollten sich für den Fall, daß die Deutschen neue Kapitulationsangebote machten, zu einer klaren politischen Linie entschließen. Wenn die Deutschen zum Beispiel eine Gesamtkapitulation anboten, würde sich die Annahme nach den bestehenden Vereinbarungen richten müssen. (Nach dem Moskauer Geheimprotokoll vom 1. November 1943 hatten sich die drei Regierungen verpflichtet, »ihr Vorgehen aufeinander abzustimmen«.) Es zeichnete sich jedoch schon eine zweite Alternative ab, und zwar sprach das britische Aide-mémoire vorsichtig von »einer rein militärischen Kapitulation an einer einzigen Front«. Nach britischer Auffassung würde es in diesem zweiten Falle genügen. . . »wenn die sowjetische Regierung auf dem militärischen Dienstweg über alles unterrichtet würde, was vorgeht«.[21]

Der Briefwechsel zwischen Roosevelt und Stalin ging indessen weiter, wobei der amerikanische Präsident bei seiner Darstellung blieb, daß in Bern nur geschah, was in seinen früheren Botschaften erläutert worden sei. Er machte Stalin Vorhaltungen wegen seiner Befürchtungen im Hinblick auf Teilkapitulationen im Westen und wies darauf hin, daß er, Roosevelt, General Eisenhower ausdrücklich angewiesen habe, nur die bedingungslose Kapitulation anzunehmen.[22]

Im Zusammenhang mit diesen Ereignissen müssen zwei

Punkte festgestellt werden. Einmal widersprach das von Churchill befohlene und zunächst von Alexander und dann von Montgomery angewendete Verfahren sicherlich dem Geist des Briefwechsels zwischen Roosevelt und Stalin. Zweitens schien sich der amerikanische Präsident so zu verhalten, als sei er sich der zunehmenden Meinungsverschiedenheiten zwischen Briten und Amerikanern gar nicht bewußt oder als wolle er sie bewußt ignorieren.
Am 5. April versicherte Churchill dem Präsidenten, er unterstütze seine Zurückweisung der Vorwürfe Stalins, und bezeichnete die schriftlichen Äußerungen des sowjetischen Diktators als beleidigend. Er schrieb, die Ursache läge in der Enttäuschung der Sowjets und in der Tatsache, daß die Westalliierten kurz vor einem Siege stünden, während die Russen sich noch auf die nächste Offensive vorbereiteten, die Mitte Mai erfolgen sollte. Mehr denn je, meinte Churchill, sollten sich die Vereinigten Staaten und Großbritannien bemühen, möglichst rasch nach Osten vorzustoßen und sogar Berlin einzunehmen. »Ich glaube, das ist die beste Chance, die Zukunft zu retten. Wenn sie davon überzeugt sind, daß wir sie fürchten und sie uns einschüchtern können, dann müßte ich in der Tat an unseren künftigen Beziehungen mit ihnen und an vielem anderen verzweifeln.«[23]
In seinen Briefen an Roosevelt rechtfertigte Stalin mehrmals seine Empörung und begründete sie mit den Informationen, die er durch seinen Nachrichtendienst erhielt, von dem er ausdrücklich behauptete, er sei absolut zuverlässig. Die Tatsachen lügen nicht, schrieb Stalin und wies darauf hin, daß die Deutschen einerseits bis zum letzten Mann kämpften, um wertloses Gelände an der Ostfront zu halten, aber andererseits ohne Widerstand wichtige Städte im Westen wie Osnabrück, Mannheim und Kassel aufgäben. Er fragte Roosevelt: »Geben Sie nicht zu, daß dieses Verhalten der Deutschen mehr als eigenartig und unverständlich ist?«[24] Jetzt, Anfang April, zögerten sich die Gespräche in

Bern immer wieder hinaus, und alle Teilnehmer wurden ungeduldig, weil keine Fortschritte zu erkennen waren. Man brach die Verhandlungen daher ab. Am 12. April machte Roosevelt dem sowjetischen Staatsoberhaupt die entsprechende Mitteilung.[25]

Dabei blieb es jedoch nicht, denn Wolff hatte, bevor er nach Berlin zurückberufen wurde, an Himmler geschrieben. Er hatte betont, die Gespräche in Bern seien von großer Bedeutung, und Himmler beschworen, er solle einen Versuch machen, Deutschland vor der völligen Vernichtung zu retten. Unter dem Eindruck des Schreibens von Wolff nahm Himmler Verbindung zum Präsidenten des schwedischen Roten Kreuzes, Graf Folke Bernadotte, auf[26] und teilte ihm mit, Hitler sei am Ende, aber er, Himmler, habe völlige Handlungsfreiheit und bitte, man möge ein Zusammentreffen zwischen ihm und Eisenhower herbeiführen. Himmler erklärte sich bereit, die Kapitulation der deutschen Streitkräfte an der ganzen Westfront und sogar in Dänemark und Norwegen zu befehlen. Kapitulation an der Ostfront bot er nicht an. Nach dem Tod Roosevelts setzte sich Churchill wegen dieses Angebots mit Präsident Truman in Verbindung und schlug vor, eine Kapitulation der deutschen Regierung durch Himmler nicht anzunehmen, es sei denn, sie erfolgte an allen Fronten gleichzeitig. Er wies aber ausdrücklich darauf hin, daß man in dieser Lage »Kapitulationen an einzelnen Frontabschnitten«[27] nicht ausschließen dürfe.

Der Zusammenbruch Deutschlands stand zwar bevor, aber die Formel von der bedingungslosen Kapitulation kam nirgends richtig zum Zuge. Wann und wie der Krieg zuendegebracht werden sollte, bestimmten weniger die Regierungschefs als vielmehr die Frontbefehlshaber. Ungeachtet dieser Lage verlangte Stalin von seinen westlichen Verbündeten, sie sollten den massiven Rückzug deutscher Truppen in die von ihnen besetzten Gebiete verhindern. Die Reak-

tionen waren unterschiedlich, wie sich Chruschtschow erinnert: »Eisenhower befahl dem Führer der deutschen Armeen, sich den Russen zu ergeben, die seine Armee besiegt hatten. [Dann] richtete Stalin ein ähnliches Ersuchen an Churchill. Die Deutschen flohen vor Rokossowskij [dem Befehlshaber der Zweiten Weißrussischen Front] und ergaben sich den Engländern in einem von Montgomery besetzten Gebiet. Stalin bat die Engländer, keine Gefangenen zu machen und die Deutschen zu zwingen, sich unseren Truppen zu ergeben. ›Aber nichts dergleichen geschah!‹ sagte Stalin wütend.«[28]
Schon in der ersten Aprilwoche flohen starke deutsche Truppenverbände und viele Zivilisten nach Westen. Doch das hatte Stalin in erster Linie seinen eigenen Leuten und nicht nur dem Widerstand zu verdanken, den die noch an der Front verbliebenen deutschen Truppen den Russen leisteten. »Angesichts der erschreckenden Vorstellung einer russischen Machtübernahme wurde der Kampf gegen die Russen zur blinden, verzweifelten Reflexhandlung.«[29]
Die vorhandenen Quellen weisen darauf hin, daß Stalin mit seinem Vorwurf recht hatte, die Deutschen kämpften im Osten energischer als an der westlichen Front. Der Oberbefehlshaber der deutschen Heeresgruppe Süd, Generaloberst Rendulic, der den Auftrag hatte, das Donautal und Wien zu verteidigen, schreibt, er habe etwa am 6. April, als er an der Front von den Russen und im Rücken von den Amerikanern bedroht wurde, von Hitler die folgende Weisung erhalten: »Es ist entscheidend für das Schicksal des Reiches, daß die Ostfront gehalten wird. Den Amerikanern ist jedoch – um die Ehre zu wahren – nur hinhaltender Widerstand zu leisten.«[30] Eine ähnliche Haltung war auch bei den deutschen Streitkräften im Nordwesten festzustellen. General Gustav Hoehne vom Oberkommando des Feldmarschalls Busch schrieb, schon am 10. April sei man allgemein der Auffassung gewesen, die anglo-amerikanischen Streitkräfte wür-

den rasch vorankommen, und »weder die [deutsche] Truppe noch ihre Führer hatten die Absicht, sie aufzuhalten ... Alles wurde vom Osten beherrscht. Täglich nahmen wir oder die Stäbe eine gründlichere Beurteilung der Lage im Osten als der unmittelbar vor uns liegenden im Westen vor.«[31]
Ein schwieriges – wenn nicht unlösbares – Dilemma für die deutschen Befehlshaber zwischen den Fronten war das Nachschubproblem. Die Westmächte vordringen zu lassen und gleichzeitig gegen die Russen weiter zu kämpfen, war nicht immer möglich. Einer der Generäle schreibt dazu: »Falls der Gegner im Westen in den Versorgungsraum der Heeresgruppe eindringen sollte, ist es unmöglich, den Kampf an der Ostfront fortzusetzen.«[32] Für die Westalliierten und die Russen ergab sich jetzt eine einzigartige Gelegenheit, ihre Propaganda zur Wirkung zu bringen, denn die deutschen Truppen lagen an einzelnen Frontabschnitten praktisch in Rufweite. Ein im Rahmen der psychologischen Kriegführung eingesetzter Amerikaner schildert die Lage wie folgt: »Alle [deutschen] Soldaten konnten die von unseren mobilen Lautsprechern direkt an sie gerichteten Botschaften hören. Manchmal standen diese Wagen nur wenige hundert Meter vor den feindlichen Vorposten.«[33]
Die üblichen Aufforderungen, sich zu ergeben, konnten jetzt mündlich an den Feind gerichtet werden und waren erfolgreicher als je zuvor. Eine bizarre Wendung nahm die Propaganda, wenn sie das Gerücht ausnutzte, die vor dem Zusammenbruch stehenden deutschen Armeen würden sich bald einem westlichen Kreuzzug gegen den Bolschewismus anschließen dürfen. In dem Bericht eines amerikanischen Generals über die Kämpfe bei Magdeburg um den 13. April heißt es: »... dann erfuhren wir durch einen Kriegsgefangenen, daß die Leute, die gegen uns kämpften, das Gerücht verbreiteten, wenn die Russen heranrückten, würden wir uns auf die andere Seite stellen und gemeinsam mit den Deutschen gegen sie kämpfen. Uns kam es vor, als

verhielten sie sich wie jemand, der im Dunkeln pfeift, um sich Mut zu machen. Aber es war für uns eine Chance. Deshalb ließen wir sie über die Lautsprecher wissen, daß diese Geschichte wahr sei. Ob die Deutschen das nun für einen ehrenvollen Ausweg hielten oder nicht, der feindliche Widerstand brach jedenfalls fast unmittelbar darauf zusammen . . . und viele von ihnen kamen mit erhobenen Händen zu uns herüber.«[34]

Die britischen Propagandisten verhielten sich ähnlich. Sie forderten die deutschen Soldaten durch die Lautsprecher aus ihren Stellungen auf, sich zu ergeben, und sagten, es wäre viel günstiger, »von den Briten gefangengenommen zu werden, denn die Russen kämen immer näher.«[35]

Der amerikanische General Walter Bedell Smith, der spätere Botschafter in der Sowjetunion, erklärte, er habe zu seinem Erstaunen feststellen müssen, daß die Russen offenbar wirklich an die Möglichkeit einer Koalition zwischen den Westmächten und den Deutschen geglaubt hätten. Auch russische Lautsprecher hätten den deutschen Soldaten gesagt, wenn sie vor den Briten und Amerikanern kapitulierten, müßten sie damit rechnen, im Angriff gegen die Sowjetunion eingesetzt zu werden.[36] Die russischen Propagandisten erklärten den deutschen Soldaten: »Ihr steht in Gefahr, Opfer des größten Verrats der Geschichte zu werden. Wenn ihr nicht Seite an Seite mit den Kräften des Kapitalismus gegen uns weiterkämpfen wollt, dann kommt zu uns herüber!«[37]

Die größte Sorge Churchills war es jetzt natürlich, die Russen so weit ostwärts aufzuhalten wie möglich, und er vertraute seine zunehmenden Befürchtungen dem Staatssekretär für Auswärtiges, Anthony Eden, an. Am 18. April teilte Eden dem Premierminister mit, er teile seine Befürchtungen in jeder Hinsicht und sei der Auffassung, daß Montgomery so schnell wie möglich Lübeck besetzen müsse. Eden schrieb: »Eine Besetzung Dänemarks durch die

Russen würde uns größte Ungelegenheiten bereiten.«[38] Churchill, der sich schon bitter darüber beklagte, daß Berlin an die Russen verloren gegangen war, meinte, sie hätten zwar gute Gründe, Dänemark zu nehmen, aber »unsere Stellung in Lübeck wäre, wenn wir es nehmen könnten, in dieser Sache entscheidend.«[39]

Interessanterweise glaubte Montgomery, er brauche für dieses Unternehmen Verstärkungen, und forderte ein amerikanisches Armeekorps an. Der amerikanische General Omar Bradley schreibt über das britische Ersuchen – dem entsprochen wurde – folgendes: »Als Schukow zu seiner Offensive gegen Berlin antrat, wurden die Anforderungen der Briten immer dringlicher. Sie erklärten, wenn Monty nicht bald die Ostsee erreichte, würden wir eines Tages aufwachen und feststellen, daß die Rote Armee in Dänemark stünde und die Sowjets die Nordsee beherrschten.«[40] Montgomery behauptete, sowohl Churchill als auch Eisenhower hätten ihn schriftlich vor dieser Gefahr gewarnt und ihn gedrängt, den Russen den Weg abzuschneiden, ehe sie bis nach Schleswig-Holstein und Dänemark vordringen könnten. Er schloß mit den Worten: »Meiner Ansicht nach waren die herannahenden Russen gefährlicher als die geschlagenen Deutschen.«[41]

Am Dienstag, dem 1. Mai 1945, begann der deutsche Rundfunk die Nachricht von Hitlers Tod zu verbreiten: »Aus dem Führerhauptquartier wird gemeldet, daß unser Führer Adolf Hitler heute Nachmittag in seinem Befehlsstand in der Reichskanzlei, bis zum letzten Atemzuge gegen den Bolschewismus kämpfend, für Deutschland gefallen ist.«[43] (In Wirklichkeit war Hitler nicht am 1. Mai im Kampf gegen die Russen – oder sonst irgendjemand – gefallen, sondern hatte schon einen Tag zuvor, am 30. April 1945, Selbstmord begangen.)[42] Großadmiral Dönitz, der von Hitler zu seinem Nachfolger ernannt worden war, teilte den Deutschen in einer Ansprache mit, der Einsatz ihres ehemaligen »Führers«

habe dem »Kampf gegen die bolschewistische Sturmflut« und »darüber hinaus Europa und der gesamten Kulturwelt« gegolten. Seine eigenen Absichten beschrieb Dönitz folgendermaßen: »Meine erste Aufgabe ist es, deutsche Menschen vor der Vernichtung durch den vordrängenden bolschewistischen Feind zu retten.«[43]

An dem Tage, als Dönitz die Regierungsgeschäfte übernahm, erließ er einen Befehl an die Wehrmacht. Darin hieß es: »Gegen Engländer und Amerikaner muß ich den Kampf soweit und solange fortsetzen, wie sie mich in der Durchführung des Kampfes gegen die Bolschewisten hindern.«[44]

Ein solcher Befehl hatte angesichts der Tatsache, daß der Krieg innerhalb weniger Tage zuendegehen mußte, kaum noch eine Bedeutung. Es hatte jedoch noch einen gewissen Sinn, zur Fortsetzung des Krieges gegen die Rote Armee aufzurufen, denn damit wurde die Überzeugung vieler Deutscher gestärkt, daß eine Schicksalswende immer noch möglich sei. Ihre verzweifelten Hoffnungen gründeten sich ausschließlich auf die Erwartung, es könnte zwischen den Westalliierten und Rußland zum Bruch kommen, und als Folge dieses Bruchs werde der Krieg an der Ostfront fortgesetzt werden.

Dieser Glaube der Bevölkerung an die entfernte Möglichkeit einer »Umkehr der Allianzen« war einer der Hauptgründe dafür, daß Dönitz nicht bereit war, sofort zu kapitulieren.[45] Hätte der Großadmiral in diesem Augenblick die Gedanken Montgomerys lesen können, dann wäre er wahrscheinlich von dem Bruch zwischen den Westalliierten und den Russen überzeugt gewesen, denn der britische Feldmarschall schreibt: »Ich wußte, der Krieg gegen Deutschland war praktisch zu Ende. Die vordringlichste Aufgabe war daher für mich, so schnell wie möglich weiter vorzustoßen bis zur Ostsee und dann eine Front nach Osten aufzubauen.«[46]

Marschall Konstantin Rokossowskij stand den Kräften an der »Flanke« Montgomerys gegenüber und protestierte sofort gegen die Maßnahmen der Briten. Er behauptete, ihre Truppen seien mit Vorbedacht hinter der russischen Front gelandet und versuchten jetzt, ein größeres Gebiet für sich in Anspruch zu nehmen.[47]

Bei den Deutschen hatte man auf allen Ebenen den Eindruck, ein Ost-West-Konflikt bahne sich an. Propagandaminister Goebbels hatte den Beginn eines solchen Ringens schon während der Schlacht um Berlin über den Rundfunk gemeldet. Gerhard Boldt, ein deutscher Offizier, der während jener letzten hektischen Tage im Bunker der Reichskanzlei war, schreibt: »Goebbels hat durch eine geschickte Flüsterpropaganda erreicht, daß ein Großteil der vor Berlin kämpfenden deutschen Soldaten wirklich überzeugt ist, die Amerikaner würden ihnen bald gegen die Russen zu Hilfe eilen!«[48] Der Tagebucheintrag eines deutschen Soldaten zeigt, daß viele Menschen von einer Massenhysterie ergriffen wurden, während die Gerüchte sich überschlugen. »Man glaubt, daß der Amerikaner unsere Gefangenen frei läßt und wieder bewaffnet, um die Bolschewisten aus Deutschland herauszuwerfen.« Diese Vorstellung weckte augenscheinlich eine wilde Begeisterung: »Alle ... wollen sofort weitermachen, wenn sie mit dem Amerikaner gegen die Russen gehen können, egal, wie lange der Krieg dann noch dauert.«[49] Ein deutscher Hauptmann berichtet, sein Kommandierender General habe ihm persönlich gesagt, alles werde vorbereitet, um den Krieg im Osten jetzt mit britischer Hilfe weiterzuführen.[50]

Der russische Marschall Tschuikow meinte, die Deutschen hätten keine Möglichkeit auslassen wollen, und deshalb sei der Chef des Generalstabs, General Krebs, am 1. Mai an ihn herangetreten und habe um einen Waffenstillstand gebeten. Tschuikow meinte aber, Krebs habe wohl nur »feststellen wollen, ob sich nicht dadurch etwas gewinnen ließe, daß er sich unser wohlbegründetes Mißtrauen gegenüber unseren Verbündeten zunutze machte«.[51]

Das entscheidende Problem für Dönitz war es jedoch, seine Streitkräfte innerhalb eines rasch schrumpfenden Staatsgebiets so umzugruppieren, daß eine Massenkapitulation oder Gefangennahme an der Ostfront vermieden wurde, während es zugleich im Westen noch nicht zu einem vollständigen Zusammenbruch kam. Er kannte in großen Zügen die von den Alliierten für das Kriegsende vorgesehenen Besatzungszonen, und jetzt kam es ihm darauf an, die Verlegung großer Truppenmassen in die amerikanische und britische Zone zu bewerkstelligen, bevor der letzte Schuß abgefeuert wurde. Das war eine gewaltige Aufgabe, und es mußten Millionen von Deutschen nach einem Zeitplan nach Westen geschafft werden, der sich stündlich ändern konnte. Der Großadmiral stand vor einem furchtbaren Dilemma, denn einmal mußte er ein Gemetzel in letzter Stunde vermeiden und zweitens die endgültige Kapitulation so lange wie möglich hinauszögern.
Die Handlungsfreiheit für Dönitz war natürlich beschränkt, und sein Spielraum wurde von Minute zu Minute kleiner. Seinem Vorsatz, möglichst vielen Deutschen die russische Gefangenschaft zu ersparen und sie aus dem sowjetisch besetzten Teil Deutschlands herauszuführen, mußte er in einer Atmosphäre höchster Verwirrung und Verzweiflung gerecht werden. Eine Schilderung des Generals von Tippelskirch zeigt, wie das Ende der Kämpfe herbeigeführt wurde. Danach hatte der O.B. der deutschen 21. Armee mit den Westalliierten vereinbart, »daß alle Soldaten der Armee, die im Laufe des Ausweichens [vor den Russen] die englisch-amerikanischen Linien erreichten, sofort die Waffen niederzulegen hätten«. Das Wort »Russen«, schreibt der General, wurde in dieser Formel freilich »peinlich vermieden«. Der Plan funktionierte: »Kurz vor Mittag wurde das Vorgehen russischer Panzer . . . gemeldet. Als sie am Horizont erschienen, setzte sich die kleine Wagenkolonne in Bewegung und rollte wenige Minuten später durch die vordersten

amerikanischen Sicherungen. Die Straße ... war mit fortgeworfenen Waffen, abziehenden deutschen Soldaten und Fahrzeugen bedeckt – ein erschütterndes aber auch beruhigendes Bild; zeigte es doch, daß das gelungen war, was als letztes noch erstrebt werden konnte – eine Armee vor der russischen Gefangenschaft zu retten.«[52]

Von seiner Ernennung bis zu dem Augenblick, in dem die Kapitulation unvermeidlich wurde, hoffte Dönitz, acht bis zehn Tage Zeit zu gewinnen, die er benutzen wollte, um dem Zugriff der Russen Millionen Deutsche zu entziehen. Später war er der Ansicht, das sei ihm in hohem Ausmaß gelungen; denn sofort nach Beendigung der Feindseligkeiten berichtete er, »er habe eine Rundfunkkampagne in die Wege geleitet und damit etwa eine Million Deutsche veranlaßt, vor den Russen in den Westen zu fliehen. Er rühmte sich, die fähigsten Deutschen herausgebracht zu haben, vor allem Wissenschaftler, die dem Westen von größtem Nutzen sein könnten.«[53]

Dönitz gewann nicht nur acht bis zehn Tage, sondern brachte auch noch nach Kriegsende zahlreiche Deutsche nach Westen (s. unten)! Entscheidend aber war, daß der deutsche Admiral es fertigbrachte, die Kapitulation vor dem Westen schrittweise zu vollziehen, ohne daß eine bedingungslose Kapitulation daraus wurde. Das wichtigste Element dabei war die Bereitschaft Churchills und Montgomerys, noch in den letzten Kriegstagen die Kapitulation starker deutscher Truppenverbände entgegenzunehmen, ohne die Gesamtkapitulation an allen Fronten zu verlangen. Die Versuchung, mehr als zwei Millionen deutsche Soldaten (mit ihren Waffen) gefangenzunehmen, war zu groß. Die Befürchtungen Churchills und Montgomerys, die Russen könnten ihren Vormarsch fortsetzen, waren dabei offenbar entscheidend für das Verhalten der Briten.

Der Premierminister rechnete damals mit einer Situation, in der die Hilfe der Amerikaner ausbleiben könnte, und war

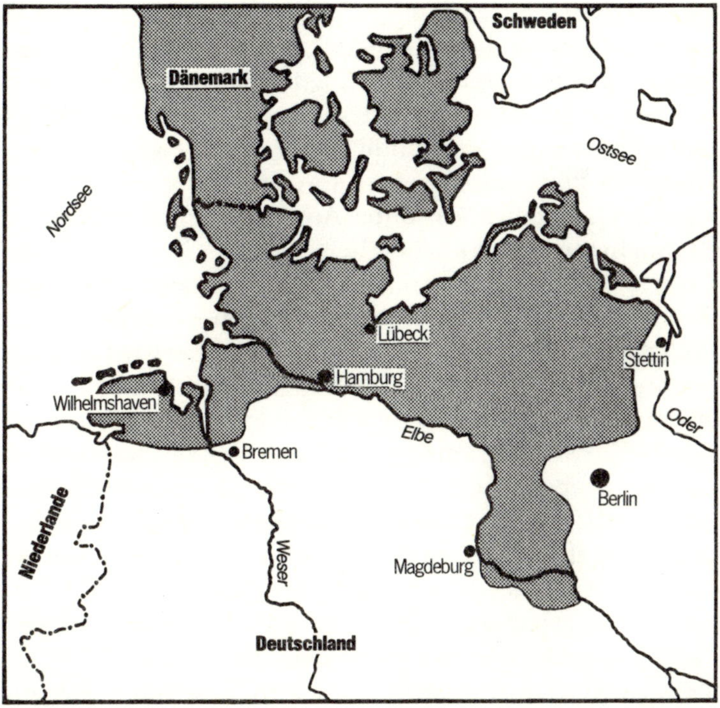

Während im Osten noch gekämpft wurde, setzten sich im Frühjahr 1945 Hunderttausende von deutschen Soldaten nach Westen ab. Ihre Befehlshaber verhandelten mit den Westalliierten, um eine schrittweise Kapitulation zu erreichen. Die Truppen sollten nicht in russische Gefangenschaft kommen, sondern hinter die Linien der Anglo-Amerikaner gebracht werden, von denen man erwartete, daß sie gegen die Sowjetunion Front machen würden. Montgomery zeigte sich aufgeschlossen gegenüber den Deutschen. Die ca. 1.719.000 deutschen Soldaten, die im Mai 1945 vor ihm kapitulierten, standen (wie die Karte zeigt) keineswegs nur in der späteren britischen Zone.

deshalb bereit, jeden ihm gebotenen Vorteil zu nutzen; er war der Ansicht, »je weiter ostwärts er stünde, desto besser würde er gegen ›Uncle Joe‹ kämpfen können«.[54] In dieser kurzen letzten Phase des Krieges faßte Winston Churchill den dramatischen Entschluß, das Vordringen der Sowjets um jeden Preis aufzuhalten. Es war fraglos ein einseitiger Entschluß, der sich nur unter Anwendung der extremsten Maßnahmen verwirklichen ließ.

Dönitz hatte sehr bald erkannt, daß er bei den Briten mehr Bereitschaft zur ›Zusammenarbeit‹ finden würde als bei den Amerikanern, wenn er mit seinen Streitkräften schrittweise kapitulieren wollte. Alle Quellen stimmen darin überein, daß Montgomery vor der endgültigen Kapitulation am 7. Mai starke deutsche Verbände gefangengenommen hat und auch die Flucht von Tausenden deutscher Zivilpersonen nach Westen zuließ. Das geschah hauptsächlich zwischen dem 2. und dem 6. Mai. Ein Augenzeuge war der deutsche General Gustav Hoehne; die Briten seien durchaus bereit gewesen, schreibt er, Truppen und Zivilisten nach Westen ziehen zu lassen, »solange britische Truppenbewegungen nicht behindert wurden. Zugleich wurde die militärische ... Kapitulation vor den Briten ... unter für uns günstigen Bedingungen ... abgeschlossen ... Alle Batterien fielen den Briten unzerstört in die Hände ... Die Verwendung des Begriffs ›Kapitulation auf dem Schlachtfeld‹ wurde zugelassen.«[55]

Die Regierung des Großadmirals Dönitz hatte am 2. Mai begonnen, Gestalt anzunehmen. Zu diesem Zeitpunkt hatte er ein Kabinett ernannt, in Flensburg Quartier bezogen und die Rolle des deutschen Staatsoberhaupts übernommen. Die Überzeugung, daß der Kampf gegen Rußland fortgesetzt werden würde, drückte sich in einer Rundfunkansprache des neuernannten Außenministers Graf Schwerin von Krosigk aus, der sich noch am Tage seiner Ernennung an das deutsche Volk wandte: Im Zusammenhang mit der von den

Amerikanern geplanten Einberufung der Vereinten Nationen erklärte er seinen Zuhörern: »Die Welt kann nur befriedet werden, wenn die bolschewistische Welle Europa nicht überschwemmt. Vier Jahre lang hat Deutschland in einem Heldenkampf ohnegleichen unter Aufbietung seiner letzten Kraft das Bollwerk Europas und damit zugleich der Welt gegen die rote Flut gebildet. Es hätte Europa vor dem Bolschewismus bewahren können, wenn es den Rücken frei gehabt hätte.«[56]

Die Entschlossenheit der Deutschen, den Kampf gegen Rußland fortzusetzen, nahm auch in den kritischsten Augenblicken nicht ab; am gleichen Tage, an dem Schwerin von Krosigk seine Rundfunkansprache hielt, teilte Kesselring dem Großadmiral mit: »Durch sofortige Verschiebung von Kräften aus diesen Fronten [im Westen] nach dem Osten könnte eine in größtmöglichem Umfang vorzunehmende Verstärkung der gegen den Bolschewismus eingesetzten Kräfte erreicht werden.«[57]

Kesselring, der jetzt Oberbefehlshaber der gesamten deutschen Streitkräfte im Süden war, hatte die Alliierten ersucht, die Kapitulation der deutschen Verbände in Italien nicht bekanntzugeben, »um der Reichsregierung Zeit für weitere Maßnahmen zu sichern«.[57] Eisenhower hielt es zwar nicht für notwendig, die Bekanntgabe dieser Vorgänge zu verzögern, erkannte aber offensichtlich weder die Motive Kesselrings noch das Ausmaß der deutschen Fluchtbewegung nach Westen.[58]

Am Abend des 2. Mai hatte Dönitz schon eine Abordnung unter der Führung des Generaladmirals Friedeburg beauftragt, in das Hauptquartier Montgomerys zu fahren. Der britische Feldmarschall empfing Friedeburg, der Dönitz als Oberbefehlshaber der deutschen Kriegsmarine abgelöst hatte, und General Eberhard Kinzel gegen Mittag des folgenden Tages.[59] Montgomery schildert die Begegnung wie folgt: »Admiral v. Friedeburg las mir einen Brief von Feldmarschall Keitel vor, in dem er mir die Übergabe der drei deutschen Armeen anbot, die sich zwischen Berlin und Rostock vor den Russen zurückzogen. Ich lehnte es ab, das in Erwägung zu ziehen, und sagte, diese Armeen sollten sich den Russen ergeben, fügte aber hinzu, wenn deutsche Soldaten mit erhobenen Händen auf meine Front zukämen, würden sie automatisch zu Kriegsgefangenen gemacht werden.«[60]

Der letzte Satz Montgomerys enthielt die für Dönitz wichtigste Mitteilung, denn er bedeutete, daß der Fluchtweg nach Westen noch offenstand. Die Entscheidung Montgomerys entsprach durchaus nicht dem Geist der »bedingungslosen Kapitulation« und den Anweisungen Eisenhowers. Einige Beobachter hatten damals den Eindruck, daß Montgomery bei der Kapitulation der deutschen 3. Panzerdivision und der Zwölften und Einundzwanzigsten Armee seine Freude darüber nicht verbergen könnte, daß er mit einem großen Schlag mehr als eine Million Soldaten gefangennahm. Den zum Treffen mit Friedeburg versammelten Offizieren sagte er: »Ich verhandle mit dem Kommando der mir gegenüberliegenden Streitkräfte, und ich habe alles ausgeschlossen, was eine alliierte Angelegenheit sein könnte.«[61] Wieder muß man beachten, daß Montgomery die deutsche Kapitulation ausschließlich als seine Angelegenheit bezeichnet und behauptet, daß sie in diesem Augenblick in seinem Verantwortungsbereich läge. Montgomery hätte eine förmliche Kapitulation durchaus ablehnen können, denn die Masse der ihm gegenüberliegenden deutschen Truppen befand sich schon in seinen Händen.[62]

Natürlich haben die deutschen Militärs, die in der letzten Kriegswoche mit Montgomery verhandelt haben, rasch bemerkt, daß der Feldmarschall entschieden gegen die Russen eingestellt war, und sie haben keine Zeit verloren, diesen Umstand zu ihren Gunsten zu nutzen. Friedeburg spürte, daß der britische Feldmarschall trotz seiner äußerlich küh-

len Haltung Vorbehalte gegenüber den Russen hatte.[63] Als man im Hauptquartier von Dönitz erfuhr, daß Montgomery die Kapitulation der deutschen Streitkräfte »in Holland, Friesland, Schleswig-Holstein und Dänemark« verlangt habe, war man erleichtert: »Die Annahme der Forderung Montgomerys würde den Vorteil haben«, so stellte man fest, »daß eine Teil-Kapitulation erzielt und der Kampf im Osten fortgesetzt werden könne. Das bedeute, daß der Abtransport deutscher Truppen und Menschen über See und ihr Absetzen über Land nach Westen weitergeführt werden könnte.« Die Frage einer »exterritorialen Enklave für die Reichsregierung«, heißt es später im Protokoll, sei »nicht offiziell angeschnitten« worden, »da eine Klärung nur höheren Ortes möglich erschien«.[64]
Dönitz ging sofort auf die Forderungen Montgomerys nach der örtlichen Kapitulation deutscher Truppen ein, und ließ »in Verfolg der eingeschlagenen politischen West-Orientierung« auch den U-Bootkrieg einstellen.[64] Eisenhower hatte keine Einwände, doch Dönitz zweifelte nicht daran, daß eine Teilkapitulation im Westen erreicht worden war. Später schrieb der alte Admiral: »Die Verhandlungen über eine Teilkapitulation fanden am 3. Mai 1945 zwischen Montgomery und von Friedeburg statt, den ich zu diesem Zweck zu dem britischen Feldmarschall geschickt hatte.«[65]
Am gleichen Tage erhielt Churchill Meldungen aus Schweden, die besagten, eine schwache russische Aufklärungseinheit sei mit dem Fallschirm im Südostteil der dänischen Insel Seeland abgesprungen, während starke sowjetische Truppenverbände sich in Warnemünde versammelten, woraus man schließen müsse, sie beabsichtigten, Dänemark zu besetzen. Nach einer hitzigen Debatte im Kabinett unterrichtete der Premierminister die Generäle Eisenhower und Montgomery.[66] Nach einer zweiten schwedischen Meldung bestand die in Seeland gelandete russische Fallschirmtruppe nur aus zwei Mann, während einige sowjeti-

sche Agenten den deutschen Flüchtlingsstrom nach Dänemark begleitet hatten. Allerdings besetzten die Russen später die dänische Insel Bornholm.[67]

Indessen beeilte sich Montgomery, die Kapitulation vor seiner Front abzuschließen und den russischen Vormarsch zu einem raschen Ende zu bringen. Am 4. Mai übergab Friedeburg alle deutschen Streitkräfte und das von ihnen besetzte Gebiet und entsprach damit der mit Montgomery am Vortage getroffenen Vereinbarung.[68] »Montgomery hatte sich entschlossen, nur das zu nehmen, was ihm zustand. Dazu gehörten als beachtlicher Anteil Holland und Dänemark sowie der Rest Deutschlands. Dann wollte er die Waffenstillstandsverhandlungen über die endgültige Übergabe aller feindlichen Streitkräfte SHAEF überlassen.« Das schreibt ein britischer Bewunderer Montgomerys.[69] Chruschtschow sieht die Dinge in seinen Erinnerungen etwas anders. Er erinnert sich an wütende Ausbrüche Stalins: »Montgomery nahm sie alle und nahm auch ihre Waffen. So fielen die Früchte unseres Sieges über die Deutschen Montgomery in den Schoß!«[70] Jetzt befahl Eisenhower, es dürften keine weiteren Kapitulationsangebote mehr angenommen werden, bevor sein Stab alles koordiniert habe. Dieser Befehl galt ausdrücklich auch für Norwegen.[71]

Über den strategischen Wert Norwegens war sich Dönitz im klaren, denn in diesem Land standen noch fast eine halbe Million einsatzbereite deutsche Soldaten. Dönitz hatte schon einige Offiziere nach Stavanger in Nordnorwegen geschickt, die sich für alle Eventualitäten bereithalten sollten.[72] Deutschland hatte schon seit langer Zeit damit gerechnet, daß die Alliierten in Norwegen landen könnten, und deshalb starke Kräfte dorthin verlegt. Da Norwegen bei Kriegsende nicht mehr zum Schlachtfeld wurde, waren die deutschen Truppen dort verhältnismäßig frisch und kampfbereit.[73]

Die Alliierten ihrerseits hatten die Besetzung Norwegens

schon lange vorbereitet, und im Sommer 1944 war man übereingekommen, daß es in das Operationsgebiet der Westalliierten gehören sollte, wenn es auch keine entsprechende Vereinbarung mit den Russen gab. »Unser Ziel muß es sein ... jeden Zusammenstoß mit den Russen in Norwegen zu vermeiden«, hieß es in einem Telegramm der Combined Chiefs of Staff. »Trotzdem würden wir es für unerwünscht halten, zu intervenieren, wenn die Russen im Verlauf der Operationen gegen die Deutschen in Norwegen eindringen sollten.«[74]

Der Mai 1945 war nicht der September 1944. Was einmal erwünscht gewesen war, das war es später nicht mehr, und einige Alliierte waren fest entschlossen, Norwegen in die regionale Kapitulation vor den Westmächten einzubeziehen. Offenbar sah Eisenhower das mit gemischten Gefühlen, denn er wünschte nicht, daß Montgomery auch noch diesen Teil des großen Kuchens vereinnahmte. Damit wäre nicht nur der Grundsatz der bedingungslosen Kapitulation endgültig ad absurdum geführt worden. Außerdem hatte der Oberbefehlshaber auch schon befohlen, daß ohne seine ausdrückliche Genehmigung keine weiteren Kapitulationsangebote angenommen werden dürften. Das sollte erst im Rahmen einer Gesamtkapitulation an allen Fronten einschließlich der Ostfront geschehen.[75]

Im Rahmen der Aufgabe, die Dönitz sich gestellt hatte, nämlich die Deutschen für den Westen zu retten, stellte Norwegen natürlich die letzte Schachfigur in seinem Spiel um Zeitgewinn dar. Am 4. Mai verfügte die Wehrmacht in Norwegen über rund 340000 Mann, und dazu kamen etwa 27000 Angehörige paramilitärischer Verbände und Zivilpersonen. Außerdem gab es in Norwegen 87000 Kriegsgefangene, die meisten von ihnen Russen.[76] Ungeachtet der Forderung Eisenhowers nach einer Gesamtkapitulation übergab Dönitz Norwegen erst etwa vier Tage später. Schwerin von Krosigk, der amtierende Außenminister im

Kabinett Dönitz, sagte, niemand auf deutscher Seite habe daran Anstoß genommen, daß sowohl in dem von Friedeburg unterzeichneten Dokument als auch in der späteren Kapitulationsurkunde von Reims festgestellt wurde, die Teilkapitulationen dürften die Gesamtkapitulation nicht präjudizieren.[77] Das habe die Deutschen nicht gehindert, ihre letzten Trümpfe aufzubewahren, um Zeit zu gewinnen.

Die alliierte Führung durchschaute das Spiel von Dönitz, und Montgomery hatte es schon zum Vorteil Großbritanniens ausgenutzt. Es war aber auch klar, daß es Aspekte der Lage gab, die außerhalb der Einwirkungsmöglichkeiten aller Beteiligten lagen. Die Erkenntnis, daß die Deutschen Zeit gewinnen wollten, wurde durch die Gewißheit gemildert, daß der vollständige Zusammenbruch unmittelbar bevorstand. Aber selbst in dieser Stimmung zeigte sich die Ungeduld der Alliierten in den letzten Tagen und Stunden sehr deutlich, und am 5. Mai, als die endgültige Übergabe eingeleitet wurde, war Eisenhower immer noch besorgt, Dönitz könnte noch zu guter Letzt die Westmächte irgendwie zum Stillhalten bewegen, um einen Bruch zwischen ihnen und den Russen herbeizuführen.[78] Eisenhower hatte bei einem Essen am gleichen Abend über diese Bedenken gesprochen, und zwar ironischerweise kurz bevor Admiral von Friedeburg in Reims eintraf, um wegen einer Kapitulation vor den Westalliierten zu sondieren. »Man sagte ihm, daß nur eine bedingungslose Kapitulation angenommen werden könnte. Dann wies man auf die Hoffnungslosigkeit der militärischen Lage der Deutschen hin und forderte ihn auf, zu überlegen, ob er sich nicht die Erlaubnis einholen sollte, zu unterzeichnen«, telegrafierte Eisenhower an die Combined Chiefs of Staff. »Im Augenblick entwirft er ein Telegramm an Dönitz, das, wie wir glauben, den Vorschlag enthalten wird, man möge ihm die Genehmigung für die Unterschrift geben.«[79]

Als Eisenhowers Telegramm – vielleicht zur gleichen Stunde – abgeschickt wurde, erhielten alle deutschen Armeebefehlshaber den folgenden Funkspruch von Dönitz: »Wenn wir in Nordwestdeutschland, Dänemark und Holland die Waffen niederlegen, so geschieht es, weil der Kampf gegen die Westmächte seinen Sinn verloren hat. Im Osten jedoch geht der Kampf weiter, um möglichst viele deutsche Menschen vor der Bolschewisierung und Versklavung zu retten. Jeder Soldat, insbesondere jeder Ofz. hat [. . .] dazu beizutragen, daß der Ehrenschild der deutschen Nation [. . .] rein und unantastbar bleibt [. . .].[80]
Dieser Funkspruch und die Nachricht von den Kapitulationsverhandlungen erreichte die Heeresgruppe Süd des Generals Rendulic nicht. Später hat er das Dilemma geschildert, in dem er sich befand: »Am Abend des 5. Mai 1945 hatte die Heeresgruppe noch keine detaillierten Anweisungen für die Fortführung der Schlacht erhalten, und es gab auch keine Erklärung dafür . . . Die Heeresgruppe hatte schon mit der Möglichkeit gerechnet, daß die Amerikaner und Briten, wenn sie unsere Linien erreichten, sich vielleicht mit uns zur Fortführung des Ringens gegen die Russen vereinigen würden. Diese Theorie mußte jetzt in Frage gestellt werden, und der letzte Augenblick, ihre Gültigkeit festzustellen, war mit Sicherheit gekommen. Ganz abgesehen von der Einstellung und dem Verhalten der Russen [die über den Rundfunk vor dem Westen warnten und die Deutschen drängten, sich mit ihnen zu vereinigen] gab es andere Umstände, die diese Vorstellung wahrscheinlich erscheinen ließen. So waren zum Beispiel viele Fernsprechleitungen und Einrichtungen . . . noch intakt, obwohl sie hinter den amerikanischen Linien lagen. Außerdem holten Nachschubkolonnen der Heeresgruppe und der amerikanischen Streitkräfte gemeinsam Verpflegungsrationen aus den Verpflegungslagern in Oberösterreich und fuhren nebeneinander auf den gleichen nach Osten führenden Straßen.«[81]

Weiter berichtete Rendulic, daß die Russen in dem von ihnen besetzten Gebiet schon eine Verteidigungslinie gegen den Westen ausbauten. »Obwohl sich nicht ein einziger deutscher Bomber zeigte, stellten die Russen sofort die Einwohner der Dörfer . . . an, um am Bau von Luftschutzgräben und Bunkern zu arbeiten.«[82]
Im Norden verzögerte Dönitz immer noch erfolgreich die abschließenden Verhandlungen, indem er jetzt Generaloberst Alfred Jodl als Verhandlungsbevollmächtigten nach Reims schickte. Am 5. Mai gegen Mitternacht unterrichtete der amerikanische Unterstaatssekretär Robert Murphy das State Department davon, daß die Gespräche in Reims die Nacht über andauern würden, »da sie [die Deutschen] augenscheinlich hofften, eine Kapitulation von SHAEF unter Ausschluß der Russen zu erreichen. Man glaubt, daß sie nach telegrafischer Rückfrage bei Dönitz vielleicht morgen unterzeichnen werden.«[83]
Am folgenden Tag traf Jodl in Reims ein, aber während die Alliierten annahmen, er sei ermächtigt, die Urkunde über die Gesamtkapitulation zu unterschreiben, nahm der General die Verbindung zum Hauptquartier in Flensburg auf, um seine Lagebeurteilung zu melden: »General Eisenhower besteht darauf, daß wir heute noch unterschreiben [. . .] Ich sehe keinen anderen Ausweg als Chaos oder Unterzeichnung.« Immerhin hatte Jodl aber noch einmal 48 Stunden Aufschub erreicht. Dann, so hatte ihm Eisenhower erklärt, würde die Front für alle Deutschen geschlossen. Nach Flensburg meldete Jodl: »Feindseligkeiten werden dann am 9. Mai 1945, 1.00 Uhr nach deutscher Sommerzeit aufhören.«[84]
Es war jetzt klar, daß es keine offizielle Kapitulation durch eine deutsche Zentralregierung geben werde und daß das von der European Advisory Commission entworfene Instrument der »Bedingungslosen Kapitulation« nicht anzuwenden sein würde. Alle Regierungen würden die Kapitula-

tion in eigener Verantwortung bekanntmachen müssen. »So wurde auch verfahren. Nach der Unterzeichnung der Kapitulationsurkunden in Reims und Berlin am 7. und 8. Mai wurde die Deklaration erst am 5. Juni 1945 im sowjetischen Hauptquartier in Berlin unterschrieben.«[85] Als die Westalliierten in Reims schon die endgültige Kapitulation entgegennahmen, äußerte Stalin immer noch erhebliche Zweifel daran, daß die deutschen Streitkräfte an der Ostfront den Befehl zur Feuereinstellung befolgen würden. Er teilte Präsident Truman mit, daß aufgefangene deutsche Funksprüche auf die Absicht zur Fortsetzung der Kämpfe schließen ließen. Deshalb habe sich der sowjetische Führer entschlossen, wenigstens bis zum 9. Mai zu warten, bevor er seinem Volk bekanntgab, daß die Deutschen endgültig geschlagen seien.[86] Das deutsche Volk – wenigstens diejenigen, die es hören konnten oder sich noch darum kümmerten – wurde am 7. Mai von Schwerin von Krosigk über die Kapitulationsbedingungen unterrichtet.

In einem Brief an seine Mutter schilderte Präsident Truman die Kapitulation und schrieb, der britische Premierminister »rief mich schon bei Tagesanbruch an, um zu erfahren, ob wir die Sache nicht sofort ohne Rücksicht auf die Russen bekanntgeben sollten. Ich schlug ihm seine Bitte ab ... Aber er war so böse wie ein nasses Huhn.«[87] In einem Bericht von Drew Middleton über die Vorgänge bei der Kapitulation erwähnte der Korrespondent besonders die Abwesenheit der Briten. »Die Tatsache, daß Großbritannien, die Nation, die Deutschland zuerst den Krieg erklärt hat, nicht zu den Signatarmächten gehört, wird hier lebhaft kommentiert.«[88]

4.
Die Regierung in Flensburg

In den unmittelbar auf die deutsche Kapitulation folgenden Tagen und Wochen im Mai 1945 herrschte eine sehr eigenartige Stimmung. Die Freude über den Sieg war von zunehmender Sorge über das Verhalten der Sowjets überschattet. Offensichtlich waren sich die meisten Menschen aber nicht bewußt, eine wie ablehnende, ja militante Haltung Churchill gegenüber der Sowjetunion einnahm. Die kritische Lage von April bis Mai, als die Befürchtungen des Premierministers sich täglich verstärkten und er seine zunehmend feindliche Haltung im Kreise führender Persönlichkeiten zum Ausdruck brachte, blieb der Öffentlichkeit verborgen. Zweifellos haben Churchills entschlossene Haltung und seine Bereitschaft, auch zu handeln, auf die amerikanische Führung eine gewisse Wirkung gehabt, und zwar trotz der Kriegswirren und des Todes von Präsident Roosevelt. Es wäre nicht übertrieben zu sagen, daß diese Wirkung darin bestanden hat, die Politik gegenüber dem geschlagenen Deutschland zu modifizieren; aber vielleicht geht es zu weit, wenn man diese Veränderung als »Politik« bezeichnet. Man darf jedoch sicher sagen, daß es deutliche und entschiedene Abweichungen von den im Krieg getroffenen Vereinbarungen gegeben hat. Doch gibt es keinen genauen Zeitpunkt und keine einzelne Maßnahme, die plötzlich signalisiert hätten, daß die Zusammenarbeit während des Krieges und die Vereinbarungen für die Behandlung eines besiegten Deutschland außer Kraft gesetzt worden wären.

Der European Advisory Commission war erst im April der Entwurf einer Direktive über die »Behandlung Deutschlands während der unmittelbar auf die Niederlage folgenden Periode« vorgelegt worden. Unter anderem verlangte die Direktive ausdrücklich die vollständige und endgültige Entwaffnung Deutschlands und die Auflösung aller paramilitärischen Verbände. Diese Weisung wurde von der EAC erst vier Tage vor der deutschen Kapitulation geprüft.[1]

Aber in Wirklichkeit war die Lage ganz anders, und da sich eine Alternativpolitik nicht anbot, weil man sie nicht entwickelt hatte, unterstrich das nur die Tatsache, daß die neue Lage ganz unerwartet eintrat. Es hatte keinen »ernsthaften Versuch gegeben... angesichts möglicher Schwierigkeiten mit der Sowjetunion irgendwelche Pläne für Deutschland zu entwickeln«.[2]

Es ließ sich nicht bestreiten, daß in Flensburg eine Art deutscher Regierung weiterbestand und zunächst vom Westen geduldet wurde. Allein die Tatsache, daß Großadmiral Dönitz als von Hitler persönlich ernannter Nachfolger ein Amt bekleidete, bewies einen Wandel in der Haltung der Alliierten und zeugte von ihrer Unentschlossenheit angesichts der wirklichen oder nur eingebildeten Bedrohung durch die Sowjets. Außerdem war sie Ausdruck der festen Entschlossenheit Churchills, sich die Möglichkeit einer Unterstützung Großbritanniens durch die Deutschen gegen die Sowjetunion offenzuhalten, seien diese Deutschen nun Nazis oder nicht.

Man kann nur zu dem Schluß kommen, daß die Regierung Dönitz bis zum 23. Mai im Amt blieb, weil Churchill das wollte. Am 4., 5. und 6. Mai war der Fortbestand der Organisation unter Dönitz allein vom guten Willen des Feldmarschalls Montgomery abhängig, denn zu seinem Befehlsbereich gehörte ganz Schleswig-Holstein mit dem Hauptquartier des Admirals in Flensburg.

Sehr viel später wurden Fragen an Churchill gerichtet:

»1. Auf wessen Veranlassung hat es General Montgomery unterlassen, den Großadmiral Dönitz festzunehmen. . . 2. Von wem ist General Montgomery ermächtigt worden, es zuzulassen, daß. . . Dönitz zwischen dem 4. und 23. Mai 1945. . . eine Regierung bilden und die Regierungsgeschäfte wahrnehmen konnte. . . . 3. Wer hat General Montgomery ermächtigt, Dönitz zu erlauben, in Flensburg eine Rundfunkstation zu unterhalten. . . und waren die Rundfunksendungen einschließlich derjenigen, mit denen die deutschen Soldaten und Zivilpersonen zur Zusammenarbeit aufgefordert wurden. . . mit dem Ziel, ein Gebiet wiederzugewinnen, das sie an die Union der sozialistischen Sowjetrepubliken verloren hatten. . . von den Briten genehmigt?«[3]
Diese Fragen wurden 1954 im Verlauf von Unterhausdebatten an Winston Churchill gerichtet. Leider war die Antwort des Premierministers, »Feldmarschall Montgomery war für keine der erwähnten Maßnahmen verantwortlich«,[4] ganz unbefriedigend und bestärkte nur die Auffassung, er verschleiere bewußt seine eigene Rolle.

Am Tage der deutschen Kapitulation im Westen verschaffte sich Dönitz einen Überblick über die Reaktion der Öffentlichkeit und ließ sich einen Bericht zu dieser Frage vorlegen. Darin hieß es über den Einmarsch britischer Truppen in Flensburg: »Die Anglo-Amerikaner werden kaum noch als Feinde angesehen. . . Bestimmend für diese Haltung dürfte sein, daß sich die Bevölkerung mehr und mehr mit dem Gedanken vertraut macht, daß Deutschland und die Westmächte in absehbarer Zeit gemeinsam gegen den Bolschewismus Front machen werden. Es werden auch einzelne Gerüchte über englisch-russische Zusammenstöße verbreitet.«[5]

Der Bericht, der sich auf eine umfassende Meinungsumfrage stützte,[6] ließ erkennen, daß man in weiten Kreisen glaubte, ein anglo-amerikanischer Krieg gegen die Sowjetunion stehe kurz bevor. »Offiziere und Soldaten sind, soweit festgestellt, sofort bereit, den Kampf gegen den Bolschewismus wieder aufzunehmen. Von anderen Soldaten wird geäußert, daß sie nur dann wieder kämpfen wollten, wenn ihnen schwere Waffen zur Verfügung gestellt werden könnten. Die Auffassung, daß der gemeinsame Kampf mit den Anglo-Amerikanern gegen die Sowjetunion über kurz oder lang beginnt, wurde verstärkt durch eine Meldung des Senders Hamburg, wonach sich alle männlichen 16- bis 45jährigen Volksgenossen am Montag in den Hamburger Kasernen einzufinden hätten.«[7] Die Deutschen wären von der Richtigkeit dieser Meldungen noch mehr überzeugt gewesen, wenn sie gewußt hätten, welche Probleme Churchill gerade bewegten. »Aus welchen Gründen muß man kommandierende Generäle in Kriegsgefangenenlagern unterbringen?« fragte er Montgomery. »Stehen uns keine Mittel zur Verfügung, um die üblichen... Unterscheidungen einzuhalten...?«[8]

Die Russen zeigten indessen deutlich ihre Besorgnis darüber, daß Dönitz noch nicht festgenommen war. Feldmarschall Keitel, der in Berlin mit den Russen zusammentreffen sollte, berichtete von einem »Privatgespräch« mit Generaloberst Serow, in dem der sowjetische General seinem Erstaunen über den Status von Dönitz zu dieser Zeit Ausdruck verlieh. Es war der 8. Mai. Welche Stellung nehme der Admiral eigentlich ein, fragte Serow. Wußten die Deutschen denn nicht, daß ohne Zustimmung der Russen keine Vereinbarungen getroffen werden durften? War Dönitz nicht von Hitler ernannt worden? Seien die deutschen Soldaten durch ihren Eid jetzt verpflichtet, Dönitz Gehorsam zu leisten? Aus den Fragen von Serow ging deutlich hervor, daß die Russen schon äußerst mißtrauisch waren und herausfinden wollten, wer dafür verantwortlich war, daß in Flensburg weiterhin die Dönitz-Regierung amtierte. Dementsprechend verlangte Serow von Keitel, »daß der Großadmiral sich mit seinem Oberkommando ›legalisieren‹ müßte, wozu die Lage in Flensburg nicht geeignet sei«.[9] Die Russen betrachteten Dönitz keineswegs als einen Mann, der aus administrativen Gründen nur so lange verwendet wurde, wie das zur Wiederherstellung von Ruhe und Ordnung notwendig war, sondern sie sahen in ihm einen wichtigen Verbündeten des Westens für den Fall, daß die Westalliierten seine Dienste in Anspruch nehmen wollten.[10]

Die Regierung Dönitz war in der Tat nicht nur ein ohnmächtiges Werkzeug. Dem Großadmiral, dem die meisten Wehrmachtsangehörigen vertrauten, war es gelungen, vor der allgemeinen Kapitulation Millionen von Soldaten nach Nordwestdeutschland entkommen zu lassen. Ohne Frage war es das Hauptmotiv von Dönitz, möglichst viele deutsche Soldaten und Zivilpersonen vor der Gefangennahme durch die Russen zu retten. Aber der unerwartete Glücksfall, daß Montgomery zwei bis zweieinhalb Millionen deutsche Kriegsgefangene in die Hände gefallen waren, verdiente ernsthafte Überlegungen.

Nach der Berechnung von Montgomery hatte er bis zum 5. Mai 1945 die Kapitulation von etwa 2 1/2 Millionen deutschen Soldaten entgegengenommen, und dazu kam noch eine weitere Million Flüchtlinge.[11] Schwerin von Krosigk, der den britischen Feldmarschall als »fair« und die Amerikaner im Hinblick auf die Kapitulationsbedingungen als »hart« bezeichnete, erklärte später, etwa 1,25 Millionen Flüchtlinge hätten den Westen auf deutschen Schiffen erreicht, die die Briten unbehindert durchgelassen hatten. »Nur einmal kam es zu Schwierigkeiten mit einer englischen Stelle«, berichtet von Krosigk. »Der Befehlshaber der englischen Truppen in Kiel wollte einen deutschen Dampfer mit Truppen an Bord nicht landen lassen. Der deutsche Admiral rief Dönitz an. Dieser erwiderte, es sei dem Engländer mitzuteilen, die Ausladung halte sich im Rahmen des Waffenstillstandsvertrages, die Truppen hätten daher vom Großadmiral persönlich den Befehl erhalten, an Land zu gehen, notfalls mit Waffengewalt. Das genügte.«[12] Von Krosigk war auch der Ansicht, es hätten viel mehr deutsche Soldaten vor den Russen gerettet werden können, wenn die Amerikaner in der Zeit zwischen dem 1. und 8. Mai 1945 sich ebenso verhalten hätten wie die Briten.[13]

Neben der gewaltigen Truppenansammlung in Schleswig-Holstein und Niedersachsen gab es bei Kriegsende den noch intakten starken Verband des Generals Boehme in Norwegen. Im Rahmen der Bemühungen Montgomerys, sich vor dem Vorrücken der Russen in den Besitz des westlichen Ostseeraums zu setzen, hatten die Briten schon Funkverbindung mit Boehme aufgenommen, um ihn auf das baldige Eintreffen alliierter Vertreter vorzubereiten.[14]

In einem Beschluß, der später Gegenstand von Meinungsverschiedenheiten zwischen den Westalliierten und den Russen werden sollte, wurde entschieden, daß »Angehörige der deutschen Truppenverbände in Norwegen, die am 8. Mai 1945 um 23.01 Uhr kapituliert hatten, nicht zu Kriegsgefangenen erklärt, sondern als entwaffnetes Militärpersonal behandelt werden würden«.[15] Ein Rechtsexperte der alliierten Landstreitkräfte in Norwegen wies auf die Besonderheit der Entscheidung hin und meinte, sie schaffe »im Rahmen des internationalen Rechts eine ganz neue Klasse von Personen, das heißt, entwaffnetes Militärpersonal, das einer militärischen Organisation angehört und dem Militärgesetz eines fremden Landes untersteht, nachdem nur das Oberkommando und die Befehlsgewalt nach der Kapitulation in andere Hände übergegangen ist. Solche Personen sind danach keine Kriegsgefangenen und auch keine verschleppten Personen, sondern sie stellen eine Klasse dazwischen dar, deren Rechte... durch eine internationale Vereinbarung... nicht festgelegt sind.«[16]

General Boehme bat darum, die Befehlsgewalt über die Wehrmachtteile unter seinem Kommando in Norwegen

behalten zu dürfen, und erhielt die Genehmigung dazu in einer besonderen Weisung der alliierten Landstreitkräfte Norwegen. »Eine weitere interessante Entwicklung ist die Aufteilung der Verantwortlichkeiten der Stäbe bei dieser Kategorie von Personen. Im Normalfall ist für die Kriegsgefangenen der A/G-1 [*Adjutant General*] verantwortlich, aber in diesem Fall mußten die C.A. [Civil Affairs] Gerichtsoffiziere diese Aufgabe übernehmen.«[17]
Dabei ist zu bedenken, daß General Eisenhower – da die Alliierten in den letzten Kriegstagen sehr viele Kriegsgefangene machten – alle Befehlshaber angewiesen hatte, die Deutschen, die sich unmittelbar vor Beendigung der Feindseligkeiten ergeben hatten, als entwaffnete feindliche Streitkräfte zu behandeln – also anders als Kriegsgefangene. Die eigenartigen rechtlichen Vorkehrungen, die für den Verband Boehmes getroffen wurden, gab es nicht überall. Die Anweisungen Eisenhowers entbanden die Militärbefehlshaber nicht von ihrer Verantwortung und erlaubten es ihnen auch nicht, diese Pflichten auf andere zu übertragen. Der besondere Status, den die Briten den deutschen Soldaten einräumten, wurde bald zum Gegenstand erheblicher Meinungsverschiedenheiten.
Montgomery schickte auf dem Luftweg in aller Eile eine kleine Einheit nach Kopenhagen; denn am 5. Mai hatte Churchill ihm telegraphiert, es seien russische Fallschirmspringer in der Nähe der dänischen Hauptstadt festgestellt worden.[18] Die deutschen Truppen dort hatten ihre Kapitulation vor Montgomery bereits in die Wege geleitet, bevor sie nach Süden auf deutsches Gebiet überwechselten.[19] Auf der dänischen Insel Bornholm stellte sich die Lage komplizierter dar, weil es den Russen gelang, sie zu besetzen, bevor die Briten dort Fuß fassen konnten. Dönitz behauptete, es sei nur seinen Bemühungen zu verdanken gewesen, daß die Russen die Insel nicht schon früher genommen hätten. Der deutsche Admiral hatte noch im Februar eine Marine-Ein-

heit auf die Insel geschickt, um deutschen Schiffen die Durchfahrt nach Westen und Süden offenzuhalten. Er schrieb: »Ich habe dann in den ersten Maitagen Montgomery darauf hingewiesen, daß die Engländer Bornholm so schnell wie möglich besetzen sollten. Die Engländer kamen aber zu spät: Am 9. 5. 1945 um 14.30 wurde Bornholm von den Russen besetzt.«[20]

Churchill war immer noch in pessimistischer Stimmung und telegraphierte am Tag, als der Krieg in Europa zuendeging, an Eden und Clement Attlee nach San Francisco, daß vermehrte russische Übergriffe eine große Gefahr darstellten und man sich ihnen entgegenstellen müsse, bevor die Vereinigten Staaten mit dem Abzug ihrer Armeen begännen. Dazu warnte er, wenn das nicht geschähe, würde nichts mehr einen dritten Weltkrieg verhindern.[21] Dem amerikanischen Präsidenten schickte Churchill ebenfalls eine Warnung: »Während unsere Völker sich mit dem Gedanken beschäftigen, Deutschland, das ruiniert ist und daniederliegt, hart zu bestrafen, werden die Russen, wenn sie nur wollen, bald Gelegenheit haben, an die Nordsee und den Atlantik vorzustoßen.«[22]

Der Premierminister hatte offensichtlich beschlossen, Dönitz möglichst lange auf seinem Posten zu halten und ihm gewisse Vollmachten zuzubilligen. Zwar rechnete er damit, daß der Großadmiral für schuldig befunden werden könnte, Kriegsverbrechen begangen zu haben, meinte aber, man dürfe nicht übersehen, wie nützlich er jetzt sein könnte. Dazu schrieb er: »Wollen Sie einen Stock haben, mit dem Sie dieses besiegte Volk lenken können, oder wollen Sie Ihre Hände in einen aufgeschreckten Ameisenhaufen stekken?«[23] Die Erben Hitlerdeutschlands spürten diese Einstellung natürlich, und man nahm an, Churchill habe den Bestand der Dönitzregierung nach dem 8. Mai 1945 autorisiert.[24] In der Zeit nach dem 8. Mai war man im Hauptquartier Eisenhowers bei SHAEF sehr vorsichtig bei der Definition des Status von Dönitz. Eine Presseverlautbarung aus Paris bezeichnete diese Regierung als »die Gruppe Dönitz in Flensburg« und stellte fest, daß keinerlei offizielle Anerkennung erfolgt sei und der Admiral und seine Leute nur vorläufig verwendet würden, um den Alliierten zu helfen.[25]

Die Situation wurde jedoch aufmerksam beobachtet, denn Dönitz ließ auch weiterhin auf eigene Verantwortung Rundfunkansprachen an das deutsche Volk richten. In einer solchen Sendung sprach am 11. Mai Feldmarschall Busch, der seinen Zuhörern mitteilte, er habe auf Wunsch von Dönitz und mit dem Einverständnis der Briten den Befehl über die Truppen der 21. Heeresgruppe übernommen, die sich in Schleswig-Holstein befanden.[26] Als Churchill später nach dieser Genehmigung gefragt wurde, antwortete er: »Feldmarschall Montgomery hat... mir gemeldet, daß zwischen ihm und Feldmarschall Busch über solche Dispositionen nicht gesprochen worden ist und nach der bedingungslosen Kapitulation keine deutschen Streitkräfte mehr unterhalten wurden.«[27] Montgomery äußert sich zu diesem Thema etwas anders. Er gibt zu, er habe beabsichtigt, mit Hilfe der deutschen militärischen Organisation die Ordnung unter der großen Masse der deutschen Kriegsgefangenen aufrechtzuerhalten; er habe es deshalb zugelassen, daß die deutsche Kommandostruktur intakt blieb. Die Deutschen seien sehr dienstwillig und freundlich gewesen. Er habe gewußt, daß sie erwarteten, dafür als britische Verbündete gegen die Russen angesehen zu werden. Er, Montgomery, habe Busch am 11. Mai mitgeteilt, daß »diese Haltung für mich völlig untragbar sei«, und gedroht, ihn ablösen zu lassen. Nach diesem Gespräch habe es keine weiteren Schwierigkeiten gegeben.[28]

Montgomerys Kontakte mit Busch waren keineswegs zufällig, sondern von dem britischen Befehlshaber schon im April genau geplant worden: »Mein Plan für die englische

Zone sah grundsätzlich vor, die deutsche Heeresorganisation als erste Instanz einzuschalten und meine Befehle bezüglich der Auflösung der deutschen Truppenverbände dem deutschen Oberbefehlshaber in Nordwest-Europa, Feldmarschall Busch, zuzuleiten. Er sollte sein Hauptquartier in Schleswig-Holstein haben, und sein Chef des Stabes, General Kinzel, sollte mit einem kleinen Stabe und einer Anzahl Verbindungsoffiziere in meinem Hauptquartier arbeiten.«[29]
Dieser Plan mit dem Decknamen »Eclipse« teilte die deutschen Streitkräfte in einzelne Kommandobereiche auf, die den deutschen Generälen Lindemann (Dänemark), Blumentritt (Raum zwischen Ostsee und Weser) und Blaskowitz (Raum zwischen Weser und holländischer Grenze) unterstanden. Der nächste Schritt sollte in der Verlegung deutscher Truppen in das östliche und westliche Küstengebiet von Schleswig-Holstein und die Räume Cuxhaven, Wilhelmshaven und Emden bestehen. Montgomery schrieb: »Die deutschen Befehlsbereichsgrenzen waren so abzuändern, daß sie mit den englischen Grenzen übereinstimmten. Alle deutschen Truppen waren auf Halbinseln an der Küste zu verlegen und dort einzuschließen. Das war die einzige Möglichkeit, um mit einer und einer halben Million Kriegsgefangenen fertigzuwerden; solche Zahlen ließen sich nicht in den sonst üblichen Lagern unterbringen.«[30]
Montgomerys Chef des Stabes, General de Guingand, schätzte die Zahl der zu verlegenden deutschen Soldaten auf 1419000. Außerdem gab es 300000 Mann im Raum Magdeburg, der ebenfalls zum britischen Befehlsbereich gehörte. Damit betrug die Anzahl der Gefangenen im Norden 1 3/4 Millionen. »Neben dieser Gesamtzahl befanden sich am 19. Mai etwas weniger als 200000 deutsche Kriegsgefangene in unserem... Gebiet... in Lagern«, berichtet Guingand.[31] Drei Tage zuvor hatte Feldmarschall Alexander dem britischen Premier mitgeteilt, er habe schätzungs-

weise eine Million deutscher Kriegsgefangener im Raum Villach-Klagenfurt versammelt.[32] Damit befanden sich im Mai 1945 fast drei Millionen deutsche Soldaten in britischem Gewahrsam.

General Guingand räumte ein, daß die Art und Weise, wie Montgomery die deutschen Befehlshaber und ihre Stäbe verwendete, kritisiert wurde.[33] Am 17. Mai beschwerte sich Radio Moskau darüber, daß die alliierten Vereinbarungen über die Entwaffnung der Deutschen nicht eingehalten würden, und erwähnte besonders das Weiterbestehen der Regierung Dönitz als groben Verstoß.[34] Ein alliierter Journalist, der damals Flensburg besuchte, schreibt: »Der Krieg war schon mehr als zwei Wochen zuende, aber wir stellten fest, daß die Offiziere und Soldaten der deutschen Armee und Luftwaffe alle ihre Rangabzeichen trugen, einander grüßten, Geländewagen fuhren und sich ganz allgemein so verhielten, daß ich das ungemütliche Gefühl hatte, der Krieg ginge weiter und ich sei irgendwo hinter die deutschen Linien geraten.«[35]

Inzwischen hatten einige Beamte der britischen Regierung erfahren, daß bei bestimmten britischen Truppenteilen der Befehl ergangen sei, die britischen Soldaten hätten gefangene deutsche Offiziere zu grüßen. In einer an den Kriegsminister gerichteten Anfrage hieß es, ob SHAEF einen solchen Befehl genehmigt habe und ob die Zustimmung der Regierung Ihrer Majestät erwirkt worden sei. In seiner Antwort gab der Sprecher des Kriegsministeriums zu, daß vielleicht eine britische Division einen solchen vorläufigen Befehl erhalten habe, nach dem es geboten sei, daß britische Soldaten unter gewissen Voraussetzungen deutsche Offiziere grüßten. Aber, so fuhr der Sprecher fort, die Sache erledige sich in Zukunft, da General Eisenhower schon befohlen habe, daß alliierte Soldaten deutsche Offiziere oder Beamte unter keinen Umständen grüßen dürften.[36]

In Flensburg gab es eine Art Kontrollbehörde von SHAEF

unter der Leitung des amerikanischen Generals Lowell Rooks, die um den 12. Mai eingetroffen war. Sie sollte sicherstellen, daß die Angehörigen der deutschen Wehrmacht die von Eisenhower für die westlichen Besatzungszonen erlassenen Befehle befolgten.[37] Der zivile politische Berater General Eisenhowers, Robert Murphy, der ebenfalls nach Flensburg ging, meinte, die Frage, ob es noch eine deutsche Regierung gäbe oder nicht, sei schwer zu beantworten. Da die Kapitulation (in Reims und Berlin) durch Dönitz und die von ihm ernannten Vertreter vollzogen worden war, hatten die Alliierten die Autorität des Admirals in gewisser Weise anerkannt. Sehr bald entwickelten sich Meinungsverschiedenheiten in Washington und London hinsichtlich der rechtlichen Grundlagen für die Stellung von Dönitz, und die Angelegenheit wurde dem Obersten Befehlshaber vorgetragen. Eisenhower schickte Murphy nach Flensburg mit dem Auftrag, das Problem zu untersuchen, und sagte ihm dazu, der deutsche Admiral versuche, einen Keil zwischen die Alliierten und Rußland zu treiben.[38]

Murphy meldete, Dönitz sei davon ausgegangen, daß Deutschland jederzeit eine Regierung haben werde, und rechne damit, daß seine vorläufige Regierung von den Alliierten unterstützt werden würde. Murphy bestätigte die Auffassung Eisenhowers, daß der Admiral alles in seiner Macht Stehende tat, um die Alliierten gegen Rußland zu beeinflussen.[39] Später erinnerte sich Dönitz an sein Gespräch mit Murphy und sagte, er habe den politischen Berater Eisenhowers am 18. Mai zu einer Aussprache »über die Grundlagen meiner Ernennung zum Staatsoberhaupt« empfangen. Er schreibt, es sei ihm besonders aufgefallen, wie wenig der Amerikaner von Rußland verstand, und lobt im Gegensatz dazu Churchill, der die Absichten der Sowjets klar erkannt habe.[40]

Im Rückblick auf die gleichen Ereignisse jener letzten Woche der Regierung Dönitz sagte Schwerin von Krosigk, er habe das deutliche Gefühl gehabt, ab Mitte Mai seien ihre Tage gezählt gewesen; denn die Russen hätten in Presse und Rundfunk scharfe Angriffe gegen Dönitz und England geführt, weil die Briten es zugelassen hatten, daß er noch so lange im Amt blieb. Er schreibt: »Wir mußten davon ausgehen, daß unseres Bleibens nicht mehr lange sein würde. Es handelte sich nur darum, wann und in welcher Form sich der Schlußakt vollziehen würde.«[41] Weiter berichtet er, am Abend des 17. sei eine russische Delegation eingetroffen und in einem Hausboot neben der »Patria« untergebracht worden, einem Luxusschiff der Hamburg-Amerika-Linie, das dem britischen Stab als Quartier zur Verfügung stand. Die Russen hätten sofort die Verbindung zu den Deutschen aufgenommen und Kopien von allen Schriftstücken verlangt, die sie den Westalliierten gegeben hatten. Während das geschah und sich die unerfreulichen Zusammenkünfte mit den Russen auf dem Hausboot in die Länge zogen, hätten die Westalliierten die Vorgänge aus unmittelbarer Nachbarschaft aufmerksam beobachtet. »So konnte kaum noch ein Zweifel daran bestehen, daß wir in aller Kürze vor der russischen Wißbegier in Sicherheit gebracht werden würden.«[42]

Marschall Schukow schreibt, um diese Zeit habe Stalin ihn zu sich befohlen, um mit ihm über die Lage in Flensburg zu sprechen. Dabei habe er gesagt: »Während wir alle Soldaten und Offiziere der deutschen Wehrmacht entwaffnet und in Kriegsgefangenenlagern untergebracht haben, halten die Engländer die deutschen Truppen in höchster Gefechtsbereitschaft und beginnen mit ihnen zusammenzuarbeiten. Bis heute bewegen sich die Stäbe der deutschen Truppen mit ihren ehemaligen Befehlshabern an der Spitze in absoluter Freiheit, auf Anweisung Montgomerys sammeln und überholen sie ihre Waffen und Kampftechnik. Ich habe das Gefühl, die Engländer wollen sich die deutschen Truppen zu einer späteren Verwendung erhalten ... Das aber bedeutet einen direkten Verstoß gegen die Vereinbarung der Regierungschefs über die sofortige Auflösung der deutschen Wehrmacht.« Stalin verlangte nun, daß Dönitz und die deutschen Generäle so bald wie möglich festgenommen würden.[43]

Indessen hatte das amerikanische Kriegsministerium General Eisenhower angewiesen, Dönitz und seinen Stab festnehmen zu lassen. Ein Telegramm des amerikanischen State Department spiegelt die jetzt deutlich werdenden Reaktionen: »Die öffentliche Meinung in diesem Land wird in dieser Angelegenheit immer erregter, und die Kritik richtet sich nicht allein gegen die Militärbehörden. Das Ministerium kann nicht verstehen, weshalb man es zugelassen hat, daß Dönitz und seine Gruppe noch so viele Tage die Geschäfte einer deutschen Regierung wahrnehmen konnten.«[44] Etwas verspätet brachten auch einige Mitglieder des britischen Unterhauses ihre Verwunderung über den Verlauf der Ereignisse in Flensburg zum Ausdruck. Sie fragten Churchill, ob Montgomery auf seine ausdrückliche Anweisung von einer Festnahme des Admirals Dönitz und anderer Naziführer Abstand genommen und ihnen erlaubt habe, in Flensburg eine Regierung darzustellen. Die einzige Antwort des Premierministers war, daß er dieser Frage »sehr sorgfältige Beachtung« schenken werde.[45] Bei einem zweiten Versuch, im Unterhaus eine Klärung der Angelegenheit durch Churchill zu erreichen, wurde er gefragt, ob es »nicht eine Tatsache ist, daß andere alliierte Kreise, darunter die Russen und Amerikaner, erhebliche Besorgnis wegen der Vorgänge in diesem Gebiet (Schleswig-Holstein) und die Verwendung der Naziführer gezeigt haben . . . . Ist es nicht eine Tatsache, daß General Eisenhower sich über Feldmarschall Montgomery und den Premierminister hinwegsetzen und Beauftragte von SHAEF [nach Flensburg] schicken mußte, um dort aufzuräumen?« Die Antwort Churchills war auch diesmal kurz, ausweichend und schnippisch. Er sagte, die

Frage enthalte genug Material, um mehrere Fragen daraus zu machen.[46]

Am 23. Mai 1945 erhielt der amerikanische Außenminister einen detaillierten Bericht über die Festnahme von Dönitz: »Es geschah heute morgen um 10.00 Uhr. Die Deutschen erhielten die Mitteilung, daß sie unter Bewachung in ihre Quartiere zurückkehren könnten, um ihre persönlichen Sachen zu packen... Von Friedeburg... beging Selbstmord, indem er Gift nahm. Die übrigen Mitglieder der Gruppe haben Flensburg heute nachmittag gegen 15.00 Uhr verlassen. Insgesamt wurden mehr als 300 Personen festgenommen.«[47] Als Augenzeuge hat Schwerin von Krosigk den Vormittag des 23. folgendermaßen beschrieben: »Ich war ... gerade damit beschäftigt, die eingehende Post zu lesen, unter der sich auch ein in der üblichen Form gehaltener Brief der alliierten Kommission an den ›Leitenden Minister der Geschäftsführenden Reichsregierung‹ befand. Im Nebenraum versammelten sich wie täglich um zehn Uhr, die Herren zur Morgenbesprechung. 12–15 Minister, Staatssekretäre und Generäle.« Plötzlich hätten schwerbewaffnete britische Soldaten die Türen aufgestoßen, während eine Panzerbrigade das Gebäude umstellte. Keiner der britischen oder amerikanischen Offiziere, mit denen die Deutschen bisher täglich zusammengearbeitet hatten, sei in Erscheinung getreten. »Wir mußten uns unter vorgehaltenen Maschinenpistolen nackt ausziehen, wobei einige auch Faustschläge einstecken mußten, wurden sämtlicher Papiere und Wertgegenstände beraubt, ... und mußten erst auf dem Flur, dann auf dem Hof stundenlang mit den Händen im Genick stehen. In dieser Stellung wurden wir von den zahlreich vertretenen Reportern gezeichnet und photographiert. Dann wurden wir unter stärkster Panzerbewachung in das Polizeipräsidium Flensburg gebracht, wo die Körpervisitation nochmals wiederholt wurde. Von dort ging es im Flugzeug nach Luxemburg. Der Welt war ein Schauspiel gegeben

worden.«[48] Das Ende der Regierung Dönitz nach dreiundzwanzig Tagen war jedoch nicht das Ende der Bemühungen Churchills, die in britischem Gewahrsam befindlichen Teile der Wehrmacht fest in der Hand zu behalten.
Am Tage nach der Festnahme von Dönitz schrieb Lord Alan Brooke: »24. Mai. Heute abend ging ich sorgfältig den Bericht der Planer über die Möglichkeiten durch, die wir gegen Rußland haben, falls es bei unsern künftigen Verhandlungen mit ihm zum Krach kommt. Wir sollten das untersuchen. Der Gedanke ist natürlich phantastisch und eine Aussicht auf Erfolg ganz unmöglich.«[49] Churchill war gegenüber den Hindernissen, die sich ihm in den Weg stellten, nicht blind, und er war verzweifelt darum bemüht, sich der Unterstützung durch die Vereinigten Staaten zu versichern. Aber sogar Montgomery erkannte, daß sich die amerikanischen Freunde der Briten immer entschiedener dagegen sträubten, an einer Politik beteiligt zu werden, die nicht ihrem Konzept entsprach. »Trotz [der] internationalen Absprache betrachtete ... die englische Regierung die defacto-Besetzung großer Teile der den Russen zugesprochenen Zone durch englische und amerikanische Armeen als wichtiges Faustpfand, um dafür von der Sowjetregierung eine befriedigende Lösung verschiedener noch offener Fragen einzuhandeln wie unserer Politik gegenüber Deutschland und seiner Behandlung als wirtschaftliches Ganzes, des Polen-, Balkan- und Österreich-Problems sowie anderer damit zusammenhängender Fragen. In diesem Sinne war ich in London am Tage vor meiner Abreise nach Berlin instruiert worden. Ich wußte daher, daß der Premierminister (Churchill) größten Wert darauf legte, daß die englische und amerikanische Armee an den augenblicklichen, am Tage der Kapitulation erreichten Grenzen stehenblieben bis zu der bevorstehenden Konferenz der Regierungschefs in Potsdam, bei der diese und andere Fragen erörtert und geregelt werden sollten.

Ich wußte aber auch, daß die amerikanische Regierung anders darüber dachte . . . sie hatte erklärt, wenn die Russen auf einer sofortigen Durchführung des Zonenabkommens bestünden, wolle sie die Räumung nicht auf die lange Bank schieben.«[50]

In Wirklichkeit versuchten die führenden Männer in den Vereinigten Staaten nur, Churchills Pläne zu mildern. Sie waren sich wohl kaum ganz bewußt, wie weit der Premierminister zu gehen bereit war. Harry Hopkins, der sich im Mai, als die Beziehungen zwischen den Vereinigten Staaten und Rußland schlechter wurden, auf eine Reise nach Moskau vorbereitete, sagte einem Kollegen, er sei »im Hinblick auf Churchill sehr skeptisch«, und wollte sich auf keinen Fall in eine Haltung hineinmanövrieren lassen, in der er die britische Europapolitik gegenüber den Russen hätte unterstützen müssen.[51]

Aber Winston Churchill war ein ungewöhnlicher Mann, und man konnte ihm nicht mit gewöhnlichen Mitteln beikommen. Am 27. Mai vertraute der Premierminister dem britischen General Ismay an, die Öffentlichkeit werde zwar energisch eine Rückkehr zu Verhältnissen verlangen, wie sie vor dem Krieg geherrscht hätten, jetzt sei es aber noch nicht an der Zeit, zu demobilisieren. »Ich wünsche nicht, mit leeren Händen dazustehen, indes große russische Kräfte nach Belieben in Europa schalten und walten können. Obiges gilt in noch höherem Maß für die Fliegerkräfte, die, falls die Russen die vereinbarten Linien überschreiten sollten, gegen deren Verbindungslinien vorzugehen hätten.«[52]

Aber nicht nur in Deutschland fürchtete Churchill ein weiteres Vordringen der Russen, sondern auch in ganz Mittel- und Südeuropa. Als der Premierminister am 30. Mai mit Feldmarschall Alexander die Lage in Jugoslawien besprach, äußerte er wieder das dringende Verlangen nach einer amerikanischen Unterstützung gegen die Kommunisten, bestand jedoch darauf, daß man der Sowjetunion auf jeden Fall zeigen müsse, daß man sie nötigenfalls mit Gewalt an einem weiteren Vordringen hindern werde. In Übereinstimmung mit diesen Vorstellungen erhielt Feldmarschall Alexander die Anweisung, sich auf eine entscheidende Konfrontation mit den Streitkräften Titos für den Fall vorzubereiten, daß sie sich nicht zurückzogen. In einem Schreiben an Alexander meinte Alan Brooke allerdings, ein Krieg gegen Jugoslawien werde bei den britischen Soldaten kaum auf Verständnis stoßen, und man würde ihnen das sehr genau erklären müssen. Er schrieb: »Ich habe es dem Premierminister gesagt und stieß mit meinen Sorgen auf taube Ohren. Seine Haltung war typisch, und er reagierte in der gewohnten Weise. Er weigert sich, Tatsachen zur Kenntnis zu nehmen, die irgendwie seinen Plänen widersprechen.«[53]

Wie nahe stand Churchill wirklich davor, britische Streitkräfte – mit Unterstützung durch deutsche Truppen – einzusetzen, um nach dem 8. oder 9. Mai 1945 ein weiteres Vordringen der Russen zu verhindern? Nach den vorliegenden Quellen müßte man zu dem Schluß kommen, daß der Premierminister sehr nahe daran war und daß jede Aufforderung von einer verantwortlichen Stelle ihm genügt hätte, zu den Waffen zu rufen. Für Churchill gab es dafür sogar Präzedenzfälle, denn »er zögerte nicht, sich [dem Kommunismus] entgegenzustellen, wenn ihm die dafür notwendigen militärischen Kräfte zur Verfügung standen. Im November 1944 wurden britische Truppen gegen auf Brüssel marschierende bewaffnete kommunistische Gruppen eingesetzt. . . Im Dezember führte der britische Widerstand gegen die Machtergreifung durch die griechischen Kommunisten in Athen zu heftigen und lange dauernden Kämpfen.«[54]

Die offensichtliche Bereitschaft Churchills, sich der Bedrohung Jugoslawiens durch Tito entgegenzustellen, bewies, daß er immer noch entschlossen war, mit äußerster Gewalt vorzugehen, wenn er es für notwendig hielt.

Bedrängt von zunehmenden Zweifeln hinsichtlich der Unterstützung seiner anti-sowjetischen Politik durch die Vereinigten Staaten hatte Churchill den britischen Generälen befohlen, den Krieg so weit ostwärts wie möglich zu beenden, obwohl sich die Alliierten über die Einrichtung der jeweiligen Besatzungszonen geeinigt hatten. Er wollte damit natürlich Gebiete in die Hand bekommen, die er bei späteren Verhandlungen als Faustpfand benutzen konnte. Bei seinem Vorstoß gegen Wien hatte Feldmarschall Alexander der 15. Heeresgruppe befohlen, Österreich so rasch wie möglich zu besetzen, und zwar »bevor es zu einer allgemeinen deutschen Kapitulation oder einem Zusammenbruch an der russischen Front kommt, damit wir es als Verhandlungsobjekt benutzen können«.[55] Ende Mai und Anfang Juni sprach Churchill immer wieder von einer »russischen Aggression«, und seine Ausdrucksweise spiegelte deutlich seine Befürchtungen wider. In einem Schreiben vom 2. Juni an den Außenminister meinte er: »Sowie die Bolschewisten glauben, daß wir sie fürchten, werden sie alles tun, was ihre Laune und Grausamkeit ihnen eingibt.«[56] Nur wenige Tage später sagte er Alexander, er sei sehr beunruhigt wegen der »allgemeinen Haltung der Russen, besonders wenn sie meinen, sie hätten nur kriegsmüde Armeen und vor Angst zitternde Regierungen vor sich«.[57]
Daß Großbritannien Gebiete besetzt halten könnte, die für eine Besetzung durch die Sowjets vorgesehen waren, wurde für die amerikanische Regierung sehr bald zum wunden Punkt. In gewisser Weise hatten sich die Amerikaner in Berlin mit dem gleichen Problem auseinandersetzen müssen. Schon 1943 hatte man sich Sorgen darum gemacht, daß die Alliierten früher in Berlin sein könnten als die Russen. Das hatte aber 1944 bei der Festlegung der Besatzungszonen keine Schwierigkeiten bereitet.[58] Churchill aber wußte, daß dies politische Entscheidungen waren, die sich als Folge der Kriegsereignisse ändern konnten, und hielt es für richtig,

daß man jede Chance wahrnahm, Berlin vor den Russen zu nehmen. Der Premierminister glaubte, Eisenhower hätte Ende März 1945 den Vormarsch gegen die deutsche Hauptstadt befehlen sollen, und sah die negative Entscheidung des Generals als Katastrophe an.[59] Die Enttäuschung verstärkte sich noch durch die Art und Weise, in der Churchill davon unterrichtet wurde; denn Eisenhower gab seinen Entschluß, auf breiter Front nach Osten anzugreifen – und zu dieser Offensive gehörte kein Vorstoß gegen Berlin – am 28. März in einem Telegramm an Stalin bekannt.[60] Der empörte Churchill beschwerte sich direkt bei Roosevelt und warf dem Obersten Befehlshaber vor, er habe die Combined Chiefs of Staff nicht konsultiert. Zugleich behauptete er, es sei auch jetzt noch nicht zu spät, die Sache wieder in Ordnung zu bringen. Die Sowjets seien »überrascht und verwirrt durch den raschen Vormarsch der alliierten Armeen im Westen. . . Damit wird es um so wichtiger, daß wir den Russen so weit östlich wie möglich die Hand reichen und, wenn es die Umstände erlauben, nach Berlin vorstoßen.«[61]

Der Streit um das Für und Wider der Entscheidung Eisenhowers über Berlin, der behauptete, sich streng an die Erfordernisse der militärischen Lage, wie er sie sah, gehalten zu haben, um es den Politikern zu überlassen, sich um politische Fragen Sorgen zu machen, geht immer noch weiter. Die Briten sind jedoch der Überzeugung gewesen, nachdem ihre Streitkräfte auf deutsches Gebiet vorgedrungen waren, hätten die Amerikaner erkennen müssen, daß der Sieg errungen sei und jetzt an die Stelle des strategischen Ziels das politische treten müsse.[62]

General Walter Bedell Smith hat die Ansicht vertreten, die Westalliierten hätten Berlin weder einnehmen können noch sollen. Das sei militärisch nicht nötig gewesen, um die Deutschen zu schlagen. Smith teilte nicht die Ansicht von Churchill, westliche Streitkräfte hätten in Gebiete vorstoßen sollen, die von den Sowjets besetzt werden sollten.

»Angesichts der freundschaftlichen Atmosphäre, die man zu jener Zeit zwischen den kriegführenden Verbündeten des Ostens und Westens voraussetzte, wäre die Verletzung einer bereits getroffenen Abmachung von unserer Seite aus nicht nur von den Russen, sondern auch von unseren eigenen Völkern als grober Vertrauensbruch angesehen worden. Ich bin der Ansicht, daß wir eine allgemeine Empörung verursacht und uns nicht hätten behaupten können.« Smith bestätigt, daß Churchill ihm gegenüber eine gegenteilige Meinung vertreten habe: »Er meinte, unsere Kräfte sollten vorläufig bleiben, wo sie stünden, nämlich tief in der sowjetischen Zone.«[63]
Auf einer Konferenz hoher amerikanischer Beamter in Washington am 6. Juni 1945 sprach man auch darüber, daß die Briten nur ungern von ihnen besetztes Gebiet in der russischen Zone aufgegeben hätten. General John Hilldring, der Leiter der Civil Affairs Division im amerikanischen Kriegsministerium, äußerte die wahrscheinlich von mehreren Teilnehmern vertretene Ansicht, die Briten versuchten, SHAEF eine andere Aufgabe als die ursprünglich vorgesehene, nämlich gegen Deutschland Krieg zu führen, zu geben und diesen Stab zu einem Instrument der politischen Kriegführung gegen Rußland zu machen. Der amerikanische Chef des Stabes, General George C. Marshall, stimmte mit Hilldring überein.[64]
Indessen hatten die Russen den Abzug der Alliierten aus Wien bis zum 10. Juni gefordert. Mit einem vergeblichen Appell setzte sich Churchill mit Truman in Verbindung und schlug ihm vor, die Alliierten sollten fest bleiben: »Wenn wir in dieser Angelegenheit nachgeben, dann müssen wir Österreich als Teil der sowjetisierten Hälfte Europas ansehen... Berlin ist jetzt natürlich schon vollkommen sowjetisiert. Wäre es nicht besser, den Rückzug auf die Hauptfront in Europa so lange zu verweigern, bis eine Vereinbarung im Hinblick auf Österreich getroffen ist?«[65]

Churchill war über die negative Antwort Trumans enttäuscht. Die physische Gegenwart starker russischer Truppenverbände in Mittel- und Osteuropa bedrückte ihn sichtlich. »Jederzeit können sie, wenn es ihnen gefällt, über den Rest Europas wegmarschieren und uns auf unsere Insel zurücktreiben«, meinte er düster.[66]

Wohl gab es englische Politiker, die zunehmend an der Weisheit der vehementen anti-sowjetischen Politik Churchills zweifelten, aber nur wenige wagten, offen etwas dagegen zu sagen.[67] Für die Amerikaner galt das jedoch nicht, und eine Reihe von Persönlichkeiten berichten über ihre Bemühungen, mit dem Premierminister über die heikle Frage zu diskutieren. General Smith erzählt von einem solchen Versuch, bei dem er Churchill daran erinnert habe, daß die Bevölkerung in Amerika und Großbritannien sich in den Kriegsjahren von dem großen Wert der sowjetischen Freundschaft überzeugt habe und große Hoffnungen auf die Nachkriegswelt setze. Dabei gab Smith dem Premierminister zu bedenken, daß es fast unmöglich sein würde, diese Haltung in ihr Gegenteil zu verkehren.[68]

Ein anderer amerikanischer Politiker, Joseph E. Davies, berichtet von einem Gespräch, das er im Juni 1945 mit Churchill geführt habe. Dabei brachte der britische Führer seine Bedenken hinsichtlich eines vorzeitigen amerikanischen Abzuges aus Europa zum Ausdruck. Dann werde Großbritannien allein den Sowjets gegenüberstehen. Davies schreibt, die leidenschaftliche Ablehnung der Russen durch den Premierminister sei so deutlich spürbar gewesen, daß er Churchill schließlich gefragt habe, ob er der Welt etwa mitteilen wolle, Großbritannien hätte eigentlich Hitler unterstützen sollen. Davies meinte, die Tatsache, daß die Russen sich der Haltung Churchills bewußt seien und glaubten, es gäbe geheime Absprachen zwischen den Alliierten und den Deutschen, sei der Grund für ihre mißtrauische Haltung gegenüber dem Westen.[69]

Churchill hatte zwar keinen Erfolg bei dem Versuch, die amerikanischen Führer davon zu überzeugen, daß es dringend erforderlich sei, die Sowjets auf jede mögliche Art zu Zugeständnissen zu bringen, hoffte aber noch auf Unterstützung bei einer Abschlußkonferenz. In seinem Vorschlag für die Konferenz von Potsdam (17. Juli – 2. August 1945), die der Premierminister eigentlich einen Monat früher hatte abhalten wollen, weil sich die alliierten Armeen dann noch in einer starken Position befunden hätten,[70] wollte Churchill die Vereinigten Staaten dazu bewegen, für die Zukunft bestimmte militärische Verpflichtungen zu übernehmen: »Es war entscheidend wichtig, das zu tun. . . bevor Briten und Russen sich nach dem Abzug der Amerikaner mit ungleich starken Kräften gegenüberstanden.«[71]

Den Russen waren die Bemühungen Churchills, einen militärischen Block gegen sie zu errichten, nicht verborgen geblieben. Schukow schreibt, als Stalin zur Konferenz in Berlin eintraf, habe er den sowjetischen Diktator über die letzte Sitzung des Kontrollrats unterrichtet, wo »wir nach wie vor die größten Schwierigkeiten hatten, mit der britischen Delegation zu einer Übereinstimmung zu gelangen.«[72]

Auch die Briten glaubten, man suche bewußt die in Potsdam zur Debatte stehenden Fragen falsch zu interpretieren und beschwere sich deshalb immer wieder über Großbritannien. Die Sowjets warfen den Briten vor, sie stellten in Italien aus sowjetischen Staatsangehörigen bestehende Verbände auf, die von ehemaligen Offizieren der deutschen Wehrmacht befehligt würden. Außerdem beklagten sie sich darüber, daß die britischen Militärbehörden 400000 deutsche Soldaten in Norwegen noch nicht entwaffnet hätten.[73]

Nach der russischen Version des Sitzungsprotokolls warf Stalin Churchill am 25. Juli vor, er unterhielte in Norwegen einen aus 400000 Mann bestehenden bewaffneten deutschen Truppenverband, und fragte den Premierminister

nach den Gründen.[74] Churchill behauptete, nichts davon zu wissen, und versprach, die Angelegenheit untersuchen zu lassen. Bevor sich die Sitzung vertagte, legte die sowjetische Delegation eine Denkschrift vor, in der die Behauptungen über die deutschen Truppen in Norwegen schriftlich festgelegt waren. Die Übergabe dieses Schriftstücks veranlaßte Churchill zu der Bemerkung: »Aber ich kann Ihnen versichern, daß es unsere Absicht ist, diese Truppen zu entwaffnen.« Unter allgemeinem Gelächter erwiderte Stalin: »Ich habe keinen Zweifel daran.« Aber Churchill behielt das letzte Wort und entgegnete: »Wir halten sie nicht in Reserve, um sie dann plötzlich loszulassen. Ich werde sofort einen Bericht über diese Angelegenheit anfordern.«[75]
Inzwischen nahm der Alliierte Kontrollrat für Deutschland in Berlin seine Sitzungen auf. Die erste offizielle Sitzung begann im Juli. Im Rahmen dieser Körperschaft und in ihren Unterausschüssen erhoben die Russen auch weiterhin ihre Vorwürfe und behaupteten, Großbritannien hielte die in britischem Gewahrsam befindlichen deutschen Truppen einsatzbereit.

5.
Die Grenzen der Macht Großbritanniens

Die ersten Friedensmonate in Europa bedeuteten für jede der Siegermächte etwas anderes. Die Vereinigten Staaten sahen sich im Pazifik noch einem mächtigen Gegner gegenüber, und nach dem Sieg über Deutschland konnten sie alle Kräfte gegen Japan konzentrieren. Außerdem erwartete Amerika für die Zukunft immer noch, daß es möglich sein werde, die dringlichsten Probleme im verwüsteten Mitteleuropa mit der Sowjetunion gemeinsam zu lösen. Wohl haben Großbritannien und später auch die Sowjetunion einen Beitrag zur endgültigen Niederlage Japans geleistet, aber beide Nationen hatten schon im Kampf gegen Deutschland ihre letzten Kräfte eingesetzt. Für Churchill und Stalin war das Ringen um die Vorherrschaft in Mitteleuropa das Hauptproblem, und da hier die Entscheidung noch nicht gefallen war, mußten sie in den ersten Friedensmonaten den Versuch unternehmen, die Frage für sich zu entscheiden.
Ein Friedensvertrag mit Deutschland war noch nicht zustande gekommen, und die Festlegung der Grenzen bereitete große Schwierigkeiten. Doch die eigentliche Sorge Churchills – und dann des neuen Premierministers Clement Attlee – war es, die Vereinigten Staaten davon zu überzeugen, daß die Sowjetunion eine ernstzunehmende Bedrohung darstellte. Frankreich, das zwar als gleichberechtigter Partner an der Besetzung Deutschlands teilnahm, war noch schwach und hatte mit erheblichen innenpolitischen Problemen zu kämpfen. Deshalb erschien die Macht-

position Großbritanniens noch mehr gefährdet. Präsident Truman hatte erkennen lassen, daß er die Politik Roosevelts fortsetzen wollte, der Churchill schon während des Krieges deutlich zu verstehen gegeben hatte, daß die amerikanischen Streitkräfte nach der deutschen Niederlage nicht mehr sehr lange in Deutschland bleiben würden.[1]

Die auf den deutschen Zusammenbruch folgenden Monate, die Periode, in der der Kalte Krieg eigentlich begann, »werden beherrscht vom Dialog zwischen Churchill und Stalin, der mit einem Meinungsaustausch. . . über osteuropäische Fragen eröffnet wurde und mit der Erwiderung Stalins auf die von Churchill im März 1946 in Fulton, Missouri, gehaltene Rede aufhörte«.[2] Die letzte Konsequenz wurde nicht gezogen. Weder Churchill noch Attlee ließen es im Verlauf jener kritischen Monate vom Mai 1945 bis zum März 1946 zum Kriege kommen. Stalin unternahm keinen nach außen sichtbaren Versuch, weiter nach Westeuropa vorzudringen, und – was besonders wichtig war – die Vereinigten Staaten fingen an, die politische Linie Churchills zu unterstützen. Doch die Zeit unmittelbar nach der deutschen Kapitulation sah ganz anders aus, und obwohl die britische Labour Party an die Macht kam, blieb Englands Verteidigungspolitik im großen und ganzen unverändert.[3]

Noch vor Beendigung des Krieges in Deutschland hatten sich Großbritannien und die Sowjetunion scharf gegeneinander abgegrenzt, und während britische Streitkräfte sich auf eine Konfrontation mit den Kommunisten in Jugoslawien und Österreich vorbereiteten, war die Frage, auf die es eigentlich ankam, die nach der Vorherrschaft in Deutschland. Dieses große Land, das noch bis vor kurzem die mächtigste Nation in Europa dargestellt hatte, wurde jetzt von einer Masse in Abhängigkeit geratener Menschen bewohnt, deren einzige Sorge darin bestand, sich zu ernähren und Unterkunft zu finden. Großbritannien und die Sowjetunion waren sich schon seit langem darüber im klaren, daß es für

sie nützlich sein konnte, auf die Gestaltung eines neuen Deutschlands entscheidenden Einfluß zu nehmen.
Nach Churchills Überzeugung bestand die dringendste Aufgabe darin, sich auf einen Verteidigungskrieg vorzubereiten (wenn man nicht sofort Krieg führen wollte). Alan Brooke schreibt, als der erfolgreiche Abwurf der Atombombe auf der Konferenz von Potsdam bekannt wurde, habe Churchill sofort ganz neue Möglichkeiten für die Gestaltung der internationalen Beziehungen gesehen: »Er sah sich bereits in der Lage, alle russischen Industrie- und Bevölkerungszentren austilgen zu können. . . Sofort hatte er sich . . . vorgestellt . . . Stalin zu diktieren!«[4]
Der Sommer 1945 war eine der schwierigsten Perioden im politischen Leben von Churchill. Offiziell bekleidete er kein politisches Amt mehr, und die Staatsmacht stand nicht mehr hinter ihm. Aber da die britische Regierung seine politischen Überzeugungen teilte, verbarg die neue Labourregierung kaum ihre erklärte Feindseligkeit gegenüber Rußland. Die Männer, die im Auftrag der britischen Regierung die Besatzungspolitik in Deutschland bestimmten, waren im wesentlichen dieselben konservativen Kolonialbeamten, Heeresoffiziere, Aristokraten und Staatsbeamten geblieben, die diese Positionen auch schon vor Attlees Wahlsieg innegehabt hatten. Die meisten von ihnen mochten die Russen nicht, mißtrauten ihnen und gaben sich kaum Mühe, sie zu verstehen. Es war ein offenes Geheimnis, daß viele dieser Leute glaubten, ein Krieg gegen die Sowjetunion sei nur noch eine Frage der Zeit.[5] Unter diesen Voraussetzungen war das Schicksal der geschlagenen deutschen Armee von überragender Bedeutung.
1944 war im britischen Kriegsministerium ein Arbeitspapier entstanden, das sich mit der »Verwendung deutscher Kriegsgefangener nach dem Kriege«[6] beschäftigte. Dabei ging es um den Einsatz dieser Kriegsgefangenen als Arbeitskräfte. Es war vorgesehen, daß einmal entlassene Kriegsge-

fangene nicht erneut herangezogen und nach Beendigung der Feindseligkeiten keine Gefangenen mehr gemacht werden sollten. Es war deshalb wichtig, rechtzeitig festzustellen, wie viele Arbeitskräfte Großbritannien brauchen würde und welcher Prozentsatz dieses Bedarfs durch Kriegsgefangene gedeckt werden konnte. Die Genfer Konvention sah bestimmte Einschränkungen vor, die zu beachten waren. In der streng geheimen Denkschrift hieß es jedoch, wenn deutsche Kriegsgefangene unter dem Befehl ihrer eigenen Offiziere standen und wenn zu diesem Zweck eine eigene Jurisdiktion geschaffen würde, sähe das ganze Problem völlig anders aus: »Bei dieser Lösung werden bestimmte Verwaltungsvorschriften erlassen, und die durch die Konvention gewährten Rechte entfallen. . . Angesichts des russischen, jetzt in den Waffenstillstandsbedingungen enthaltenen Vorschlags könnte es notwendig werden, zu erklären, daß der Kriegsgefangenenstatus für sie aufgehoben ist.«[7]

Daneben untersuchte das Dokument die Frage, ob deutsche Kriegsgefangene im Krieg gegen Japan als Arbeitskräfte verwendet werden könnten, und sprach dabei von vier Möglichkeiten: 1. Die deutschen Soldaten behielten ihren Status als Kriegsgefangene. 2. Die deutschen Kriegsgefangenenverbände blieben unter dem Befehl ihrer eigenen Vorgesetzten. 3. Die deutschen Kriegsgefangenen wurden entlassen und zu zivilen Arbeitskommandos zusammengefaßt. 4. Die Kriegsgefangenen wurden einfach entlassen und erhielten die Erlaubnis, nach Hause zurückzukehren. Man stellte fest, daß es bei der zweiten Lösung wahrscheinlich zu unerwünschten politischen Konsequenzen kommen werde[8], ohne daß dies näher kommentiert wurde.

Sehr bald nach Kriegsende beschwerte sich Montgomery beim Kriegsministerium darüber, daß in den letzten Kriegstagen keine klaren Anweisungen über die Behandlung der deutschen Kriegsgefangenen ergangen seien. Dabei ging es

ihm vor allem darum, zwischen den Deutschen zu unterscheiden, die als Kriegsgefangene zu behandeln waren, und der großen Zahl von Soldaten, die bei Kriegsende kapituliert hatten und als entwaffnetes feindliches Personal festgehalten wurden. Das Kriegsministerium teilte Montgomery mit, da die Genfer Konvention die Verwendung von Kriegsgefangenen einschränke, dürften britische Befehlshaber die Deutschen überall dort, wo es notwendig erschien, als entwaffnetes feindliches Militärpersonal ansehen.[9]
Anfang Juni 1945 gab Großbritannien bekannt, daß in Deutschland Arbeitsbataillone aufgestellt würden, die aus entwaffneten Wehrmachtsangehörigen bestehen sollten. Diese Bataillone sollten auch weiterhin britischen Befehlshabern unterstellt bleiben und von ihnen eingesetzt werden. Zu ihren Aufgaben werde es auch gehören, Minen zu räumen. Dazu hieß es in der Presseerklärung, britische militärische Einrichtungen würden jetzt auch verschleppte Personen (*displaced persons*) als Wachpersonal einsetzen.[10]
Ehe Churchill sein Amt an seinen Nachfolger abtrat, hatte er den britischen Kriegsminister gebeten, die Frage der Verwendung von etwa 128000 polnischen Soldaten zu prüfen, die auf der Seite Großbritanniens gekämpft hatten. Diese Polen sollten zu einem »Besatzungskorps« formiert und in der britischen Zone stationiert werden, »jedoch ohne gemeinsame Demarkationslinien mit den Russen«. »Daß das ernste Hindernisse haben könnte, will mir nicht einleuchten«, meinte Churchill. »Wir benötigen diese Leute dringendst, und ich sehe nicht ein, wieso sich die Russen hier einmischen sollten, so wenig wie sie uns fragen, wenn sie Hunderttausende von Menschen nach Sibirien deportieren.«[11]
Die Öffentlichkeit in Großbritannien hatte schon erfahren, daß die britische Armee in Deutschland bewaffnete Soldaten der Wehrmacht einsetzte. Das Kriegsministerium gab

zu, daß etwa 20000 Deutsche unter Waffen standen. »Sie werden zur Bewachung von Verpflegungslagern und für andere Aufgaben verwendet, bei denen sie britische Truppen entlasten. Sie tragen nur Handfeuerwaffen und verfügen über eine begrenzte Menge Munition. Selbstverständlich hat man sie den üblichen Sicherheitsüberprüfungen unterzogen.«[12] Die Frage des Uniformtragens war bereits Gegenstand eines Beschlusses des Alliierten Kontrollrats, der ausdrücklich das Tragen jeglicher Uniformen verbot. Diese Verfügung konnte jedoch wegen des allgemeinen Mangels an Bekleidung von Anfang an nicht befolgt werden. Etwas später setzten die Sowjets das Uniformverbot durch und ließen nur die Uniformmütze ohne Abzeichen zu.[13]

Um die gleiche Zeit beklagte sich Montgomery über Personalmangel, den er damit begründete, daß eine sehr große Zahl von Kriegsgefangenen und große Mengen von Waffen und Muniton bewacht werden müßten.[14] Der britische Feldmarschall gab zu, daß die Entlassung deutscher Kriegsgefangener gute Fortschritte machte – es waren etwa 12000 Mann täglich –, aber »dafür kamen große Mengen neuer Kriegsgefangener aus Norwegen [Juni und Juli 1945], so daß die Gesamtzahl der deutschen Kriegsgefangenen in der englischen Zone jetzt 1850000 Mann betrug.«[15]

In den Vereinigten Staaten wußte man offenbar kaum etwas von dem Personalmangel bei den britischen Besatzungsstreitkräften und der Verwendung deutscher Kriegsgefangener in ihrem Gewahrsam und hat sich auch nicht darum gekümmert; jedenfalls war das noch im Sommer und Frühherbst 1945 der Fall. Man setzte voraus, daß die Bestimmungen der Genfer Konvention beachtet werden würden, und dazu gab es die in den Direktiven der Combined Chiefs of Staff enthaltenen Richtlinien.[16] Es ließen sich aber schon einige beunruhigende Anzeichen erkennen, denn Marschall Schukow protestierte dagegen, daß die in Jalta gefaßten Beschlüsse zur Entmilitarisierung Deutschlands in den Besat-

zungszonen der Westalliierten nicht beachtet würden,[17] während Feldmarschall Montgomery feststellte, daß die Kluft zwischen den Westalliierten und den Russen immer tiefer würde.[18] Sogar Harry Hopkins sagte nach einem kurzen Aufenthalt in Deutschland, das er im Juni besucht hatte, er habe ein ungemütliches Gefühl gehabt. »Andeutungsweise höre ich von verschiedenen Seiten, daß wir nur wenig oder gar nichts tun, um die Deutschen daran zu hindern, daß sie alles wieder von vorne anfangen.«[19]
Zweifellos hätten sich die Befürchtungen von Hopkins bestätigt, wenn er gewußt hätte, daß die Briten darangingen, einen Teil der deutschen Soldaten in den Kriegsgefangenenlagern zu reorganisieren. Der ehemalige Chef des Generalstabs des deutschen XXXI. Armeekorps (Korps Ems), Dr. Meier-Welcker, erinnert sich an den Besuch einiger englischer Offiziere nach der Kapitulation seines Verbandes in dem Gebiet, in dem die Truppe untergebracht war: »Es muß im Juni/Juli 1945 gewesen sein, als der Chef des Generalstabes zweimal den Besuch von zwei britischen Offizieren der Rheinarmee erhielt, die ihm in einem vertraulichen Gespräch vor allem die Frage stellten, ob die Truppen des Ems-Korps bereit seien, gegen die UdSSR oder auch Japan zu kämpfen.«[20] Was in der Zeit von Juni bis September mit den deutschen Kriegsgefangenen in englischen Händen geschah, ist eine sehr komplexe Frage. Bezeichnend ist jedoch die Tatsache, daß die Entlassung deutscher Kriegsgefangener in der britischen Besatzungszone bis zum Herbst 1945 eine ungelöste Frage blieb.
Im Rahmen des Unternehmens »Eclipse« sollten ursprünglich etwa vierzig Unterbringungsräume für Kriegsgefangene im britischen Sektor eingerichtet werden. Dann entschloß man sich jedoch zur Einrichtung von nur vier großen Räumen im nordwestlichen Küstengebiet Deutschlands. Sie wurden alle im Mai und Juni aufgefüllt. Das folgende Unternehmen mit dem Decknamen »Barleycorn« sah für die

Sommermonate ein Erfassungs- und Entlassungsprogramm vor. Dabei wurden bis September etwa eine Million ehemalige Angehörige der deutschen Wehrmacht ins Zivilleben entlassen.

Das Programm komplizierte sich dadurch, daß es außerdem Zehntausende von Ausländern gab, darunter Russen, Polen und Jugoslawen, die erfaßt und mit Dokumenten versehen werden mußten. Der Stellvertreter Montgomerys, General de Guingand, sagt, die Behandlung der verschleppten Personen habe ein sehr schwieriges Problem dargestellt, denn man hätte es hier mit fast einer Million heimatloser Menschen zu tun gehabt, die im Lande herumzogen, nirgends erfaßt waren, stehlen mußten, um sich zu ernähren, und den Behörden ernste Schwierigkeiten bereiteten. Denkt man an die Kriegsgefangenen, die verschleppten Personen, die ständige Lebensmittelknappheit und die Verantwortung für die Versorgung von Hunderttausenden Kranker und Verwundeter, dann ist es verständlich, daß de Guingand schreibt: »Man kann leicht erkennen, vor welcher gewaltigen Aufgabe wir standen. Überall Chaos, und die Probleme erschienen fast unlösbar.«[21]

Unter diesen Umständen war es nicht verwunderlich, daß der größte Teil des Sommers verging, ohne daß sich die Russen über den Status der deutschen Kriegsgefangenen in britischem Gewahrsam beschwerten. Auf den Sitzungen des Kontrollrats im August brachten die Franzosen das Uniformverbot für ehemalige deutsche Soldaten wieder zur Sprache und verlangten, daß es durchgesetzt würde. Montgomery erhob Einwände und erklärte, ein solcher Befehl werde sich unmittelbar auf zwei Millionen Mann in der britischen Besatzungszone auswirken. Er sagte, die meisten dieser Leute besäßen keine andere Bekleidung, und es sei unmöglich, dem Vorschlag Eisenhowers zu folgen und die vorhandenen Uniformen einzufärben. Der britische Feldmarschall beantragte, die Lösung des Problems den Befehlshabern in den einzelnen Besatzungszonen zu überlassen. Schukow behauptete, Montgomery übertriebe seine Schwierigkeiten, denn die Sowjets hätten in ihrer Zone eine Lösung gefunden, und unterstützte den französischen Vorschlag. Auf der Schlußsitzung im August wurde der Vorschlag angenommen mit dem Zusatz, daß gefärbte Uniformen getragen werden dürften.[22]

Mitte September meldete die Londoner *Times*, daß die deutsche Wehrmacht in den vergangenen vier Monaten aufgehört habe zu bestehen: »Von den 2250000 Mann, die an der Front des Feldmarschalls Montgomery gefangengenommen worden sind, werden in Kürze 1500000 entlassen sein. Dabei gelten die Prioritäten, die in ›Barleycorn‹ und ›Coal-Shuttle‹ (Austausch von Kriegsgefangenen zwischen der britischen und amerikanischen Besatzungszone) vorgesehen sind, um die in der Landwirtschaft und im Kohlenbergbau benötigten Arbeitskräfte ohne Zeitverlust bereitzustellen. Es sind das vorwiegend Soldaten, die aus der britischen und amerikanischen Besatzungszone stammen.«[23] Weiter hieß es in dem Artikel, man sähe zwar noch überall Deutsche in Uniform, aber die britischen Behörden beeilten sich, diese Uniform einfärben zu lassen. In Norwegen und Dänemark gäbe es jetzt keine deutschen Soldaten mehr, in Deutschland hätte man aber immer noch Schwierigkeiten mit der Entlassung, was seine »delikaten und komplizierten Aspekte« habe.[24]

Eine der Schwierigkeiten lag offenbar darin, daß eine große Zahl von deutschen Kriegsgefangenen noch im Freien untergebracht war, während der Winter vor der Tür stand. Eine zweite war es, daß sich unter den Kriegsgefangenen viele Angehörige der verschiedensten Nationalitäten befanden (mehr als vierzig!), besonders solche aus mittel- und osteuropäischen Ländern wie Polen, Ungarn, Jugoslawien und den baltischen Staaten, die nicht nach Hause zurückgeschickt werden wollten. Auf gewissen Verwaltungsebenen

unterhielten die britischen Behörden »deutsche Rahmenstäbe, mit deren Hilfe sich die große Masse deutscher Kriegsgefangener in Schleswig-Holstein leichter verwalten ließ.«[25] Das war eine Frage, die später besonders die Sowjets zu Kritik und Beschwerden veranlaßt hat. Ein Beobachter schreibt: Das Mißtrauen der Russen wurde »durch das britische Verfahren genährt, deutsche Soldaten unter der Aufsicht ihrer Offiziere zu belassen, bis ihre Freigabe und Demobilisierung durchgeführt werden konnte.«[26]
Indessen schlug der amerikanische Außenminister James Byrnes auf der Außenministerkonferenz in London im September seinem russischen Kollegen Molotow vor, einen Vertrag mit einer Laufzeit von fünfundzwanzig Jahren abzuschließen, der die Entmilitarisierung Deutschlands garantieren sollte. Das sei »eine sehr interessante Idee«, meinte Molotow, er wolle mit Moskau darüber sprechen und den Plan dann in wenigen Tagen weiter erörtern.[27] Über die im Potsdamer Abkommen enthaltenen Grundsätze zur Entwaffnung Deutschlands war man sich schon einig, wenn auch für die Beendigung dieses Vorhabens noch kein Datum fest lag.[28] Das Verbot jeder Form militärischer Ausbildung, des Tragens von Uniformen und Rangabzeichen, der militärischen Ehrenbezeigung oder des Zeigens von Flaggen war in der amerikanischen Zone schon am 14. Juli 1945 Gegenstand einer Direktive von OMGUS (Office of Military Government).[29]
Im Sommer 1945 war kaum etwas davon zu spüren, daß die Russen mit dem Verhalten der Besatzungsbehörde in der amerikanischen Zone unzufrieden waren, und auch die Beziehungen zwischen den Vereinigten Staaten und der Sowjetunion in Deutschland waren verhältnismäßig normal. Für die Beziehungen zwischen Russen und Briten galt das jedoch nicht, denn im Oktober vertraute Montgomery bei einem Besuch in London dem Premierminister Attlee an, daß die Zusammenarbeit mit den Russen in Deutschland

schlicht unmöglich geworden sei. Er verlangte, die Briten sollten eine eigene Strategie entwickeln und auf ihrem gegenwärtigen Standpunkt fest bleiben.[30] Der Feldmarschall hätte sich über die Entwicklung einer Strategie keine Sorgen zu machen brauchen, denn die russischen Vorwürfe gegen den Befehlshaber in der britischen Zone versorgten die Regierung sehr bald mit genügend Material, um damit zu beginnen.

Die russischen Vorwürfe gegen Großbritannien, die sich mit dem Fortbestand deutscher Truppenverbände beschäftigten, die noch immer unter Waffen stünden und ausgebildet würden, waren von offizieller Stelle schon zweimal zur Kenntnis genommen worden, bevor die Sowjets dem Alliierten Kontrollrat im November eine umfangreiche Denkschrift vorlegten. Schon am 17. September war im Koordinierungsausschuß (dem die stellvertretenden alliierten Militärgouverneure angehörten) die Frage nach bewaffnetem deutschem Personal in der britischen Zone zur Sprache gekommen. An diesem Tag erhob der sowjetische Vertreter, General Sokolowski, während einer Besprechung über die Auflösung der deutschen Streitkräfte Einwände gegen das Weiterbestehen des von ihm so bezeichneten bewaffneten deutschen Personals in der britischen Zone.[31]

Der britische Vertreter im Koordinierungsausschuß war General Brian Robertson, der die russische Beschwerde am 26. Oktober offiziell beantwortete. Robertson sagte, er sei besorgt wegen der Mißverständnisse, die augenscheinlich eine Vereinbarung über das Verbot militärischer Ausbildung von Deutschen blockierten, bekannte sich aber zu einem wachsenden Pessimismus in der ganzen Sache. Er stellte fest, Sokolowski protestiere offenbar gegen drei bestimmte Vorgänge in der britischen Zone: 1. dagegen, daß deutsche Besatzungen unter ihren eigenen Vorgesetzten auf deutschen Schiffen dienten und Uniformen (wenn auch ohne Rangabzeichen) trügen; 2. dagegen, daß ehemalige

Angehörige der deutschen Kriegsmarine auf Minensuchbooten Dienst täten; 3. dagegen, daß ehemalige Wehrmachtsangehörige bei britischen Dienststellen Verwaltungsaufgaben übernommen hätten. Robertson schrieb, in jedem einzelnen Fall dienten die Deutschen britischen Interessen, weil die Lösung dieser Aufgaben auf diese Weise bequemer und billiger zu bewerkstelligen sei. Ehemalige Angehörige der deutschen Wehrmacht seien nicht bewaffnet, und ihre Uniformen würden baldmöglichst durch Zivilkleidung ersetzt werden. Zur weiteren Erläuterung erklärte der britische General, daß die so verwendeten Deutschen »in Wirklichkeit Kriegsgefangene sind, aber im technischen Sinne bezeichnen wir sie nicht als solche, weil wir ihnen nicht den Status von Kriegsgefangenen nach der internationalen Konvention geben wollen, denn wir beabsichtigen, sie für Aufgaben zu verwenden, die sie nach dieser Konvention nicht übernehmen dürfen.«[32]
Die Erklärung von Robertson wurde als unbefriedigend angesehen, und wenige Tage später beschwerte sich Marschall Schukow persönlich bei dem britischen General über eine deutschsprachige Rundfunksendung aus London, in der über die Einrichtung eines neuen deutschen militärischen Stabsquartiers in Hamburg berichtet wurde. Robertson versicherte dem Marschall, daß die Rundfunksendung »irreführend formuliert« war. »Ich würde Ihnen gern die genauen Einzelheiten vortragen«, sagte der General.[33] Dann bestritt Robertson die in der Sendung aufgestellte Behauptung, der Wehrkreis 10 sei wieder eingerichtet worden. Er erklärte, daß dieser Wehrkreis in Wirklichkeit am 14. Oktober aufgelöst worden sei. Er gab jedoch zu, daß ein Teil des Personals zusammen mit Angehörigen der Heeresgruppe Müller und des Armeekorps Witthoff noch verwendet würde. Es sei richtig, daß dieser Verband jetzt eine Verwaltungseinheit unter dem deutschen General Kramer darstelle. Ebenso richtig sei es, fuhr Robertson fort, daß sein

Standort Hamburg sei, und erläuterte genau seine Funktionen bei der Personalverwaltung in deutschen Lazaretten, der Instandhaltung des Nachrichtennetzes, der Verkehrswege und bei anderen Aufgaben zur Unterstützung der britischen Kommandostellen. Robertson stellte sich vor Kramer, bezeichnete ihn als einen »glühenden Gegner der Nazis« und behauptete, das ganze deutsche Personal stünde unter ständiger Aufsicht. »Ich betone, daß diese Leute nur in der Verwaltung tätig sind. Sie werden scharf von den Briten überwacht. Sie werden nur zeitweilig verwendet, und zwar nur um den britischen Stäben Arbeit zu ersparen, bis alle ehemaligen Wehrmachtangehörigen entlassen sind.«[34]

Die Sowjets beachteten die beiden Erklärungen von Robertson nicht – Montgomery war in England – und bereiteten eine offizielle Beschwerde zur Vorlage im Kontrollrat vor. Die scharf formulierte, ausführliche Denkschrift, die den Briten zahlreiche grobe Verletzungen des Potsdamer Abkommens vorwarf, wurde am 20. November von Marschall Schukow dem Kontrollrat vorgelegt.

Der russische Marschall behauptete, trotz der auf der Konferenz von Potsdam getroffenen Vereinbarungen stellten die Briten in ihrer Besatzungszone auch weiterhin deutsche Truppenverbände auf und bildeten sie aus. Die Denkschrift Schukows vom 19. November ging vor der Sitzung an alle Mitglieder des Kontrollrats, und wie er später schrieb, war er zutiefst darüber empört, daß es immer noch eine deutsche Heeresgruppe gebe. Dazu behauptete er, er wisse, daß auch Eisenhower über die Lage informiert sei.[35] Als der Marschall im Dezember 1945 im Moskauer Rundfunk über diese Ereignisse sprach, sagte er ausdrücklich, die britischen Militärbehörden in Europa hätten den »Verrat« auf Befehl des Premierministers Winston Churchill begangen.[36]

Die auf der 12. Kontrollratssitzung vorgelegte Denkschrift Schukows stellte kurz die geltenden alliierten Beschlüsse zur Entwaffnung der Deutschen nach Beendigung des Krieges in Europa dar und betonte die Tatsache, daß im Licht solcher Vereinbarungen auf deutschem Boden keine deutschen militärischen Verbände irgendwelcher Art mehr bestehen dürften. Der Marschall gab seine Informationsquellen für das Material nicht preis, mit dem er seine Vorwürfe begründete, erwähnte aber die ausländische Presse und sagte, bestimmte Einzelheiten habe er durch seinen Stab in Erfahrung gebracht. Ganz unzweideutig erklärte er, in der britischen Besatzungszone gäbe es »Dienststellen« des deutschen Heeres, der Kriegsmarine und der Luftwaffe.[37] Im besonderen, so schrieb der sowjetische Marschall, sei die Heeresgruppe Müller nicht aufgelöst, sondern im Oktober einfach in Heeresgruppe Nord umbenannt worden. Sie verfüge über einen Frontverwaltungsstab, der aus verschiedenen Abteilungen bestünde (Quartiermeisterabteilung, Transportabteilung, Offiziers-Personalabteilung usw.). Außerdem, so fuhr Schukow in seiner Denkschrift fort, gäbe es Verbände des Heeres, der Luftwaffe und der Fliegerabwehrtruppe bei zwei Armeekorps (Stockhausen und Witthoff) mit jeweils mehr als 100000 Mann![38]

Am 30. November erklärte Feldmarschall Montgomery vor dem Kontrollrat: »Ich war erstaunt, die Denkschrift von Marschall Schukow zu erhalten.«[39] Montgomery gab seiner Verwunderung darüber Ausdruck, daß der Befehlshaber einer anderen Besatzungszone ihn so offen zur Rede stellte. Er räumte ein, daß von Zeit zu Zeit »jeder von uns in gewissem Maße neugierig im Hinblick darauf sein sollte, wie . . . gewisse Angelegenheiten in den anderen Besatzungszonen behandelt werden«. Auch Anfragen seien zulässig, aber »eine offene Herausforderung dieser Art ist eine ganz andere Sache«.[40] Dann fragte er, weshalb die Antworten des Generals Robertson nicht genügt hätten und warum man seine Briefe nicht beantwortet habe. »Ich kann nur annehmen,« sagte Montgomery, »daß seine [Schukows] Befürchtungen

in erster Linie daraus resultieren, daß wir alle diese ehemaligen Wehrmachtsangehörigen nicht offiziell als Kriegsgefangene bezeichnen, und zweitens daß wir deutsche Stäbe einsetzen, um die hier anfallenden Verwaltungsaufgaben zu übernehmen.«[41]
Der britische Feldmarschall brachte sehr deutlich zum Ausdruck, daß die Briefe des Generals Robertson nach seiner Ansicht als Antworten mehr als ausreichend seien. Er wies aber wieder ausdrücklich auf die Hauptpunkte hin und sagte, es würden Arbeitskräfte gebraucht, und man wollte es vermeiden, sich an die Einschränkungen der Konvention halten zu müssen. Dabei konnte er der Versuchung nicht widerstehen, etwas über Schukows »Informationsquellen« zu sagen und erklärte, zwar könne er nicht für alles die Verantwortung übernehmen, wünsche aber doch, daß die Mitglieder des Kontrollrats davon Kenntnis nähmen, daß fünfzig russische Verbindungsoffiziere sich seit August in der britischen Besatzungszone aufhielten. Sie seien, so meinte Montgomery, wie er zunächst geglaubt habe, in freundschaftlichem Geist in seinen Befehlsbereich gekommen und entsprechend herzlich empfangen worden. Er habe ihnen diesen freundschaftlichen Empfang bereitet, obwohl der sowjetische Befehlshaber es versäumt habe, das gleiche zu tun. Ärgerlich fügte Montgomery hinzu, seine Gastfreundschaft sei offensichtlich in unschöner Weise mißbraucht worden.[42]
In seiner Denkschrift vom 20. November hatte Schukow auch behauptet, außer den beiden Armeekorps hätten die Briten fünf deutsche Korpsbezirke geschaffen (in Hammer, Itzehoe, Neumünster-Rendsburg und Hamburg) und dazu etwa fünfundzwanzig örtliche militärische Befehlsbereiche in der ganzen Besatzungszone.[43] Außerdem, so fuhr Schukow fort, gäbe es ein deutsches Luftbereichskommando (II) aus Verbänden der 18. Fliegerabwehrdivision, Bombergeschwadern, Jagdgeschwadern und Nahaufklärergruppen.

Der Stab sei auf Kriegsstärke aufgefüllt und verfüge über eine Nachrichtentruppe, fünf Regimenter mit Panzerverbänden und eine Reihe von Militärlazaretten mit insgesamt 20000 Betten. Das alles, so behauptete Schukow, würde unterstützt von einem deutschen Flottenverband, der als deutscher Trawlerdienst getarnt sei. Dazu würden in Schleswig-Holstein ungefähr eine Million deutsche Soldaten des Heeres ausgebildet.[44]
Montgomery erwiderte, zwar wolle er die Denkschrift Schukows nicht im einzelnen vor dem Kontrollrat beantworten, bevor die Vorwürfe genau geprüft seien, aber er wolle »auf einige der wichtigsten Irrtümer hinweisen«. Erstens, so erklärte Montgomery, gab es in Stockhausen nur 99000 entwaffnete Deutsche. Der Befehlsbereich Witthoff bestünde nicht mehr. Was nun die eine Million deutsche Soldaten beträfe, die angeblich in Schleswig-Holstein versammelt seien, so spottete Montgomery nur über diese Zahl. Abzüglich des Personals in Stockhausen gäbe es nur 148000 Mann in den deutschen Nordprovinzen, und Montgomery erklärte ausdrücklich: »In meiner Zone gibt es kein Hauptquartier einer Heeresgruppe.«[45] Da diese Gruppe gar nicht existiere, könne es auch keine entsprechenden Abteilungen einer solchen Gruppe geben. Was nun den Stab beträfe, so würde dieser nur aus administrativen Gründen unterhalten und habe keinerlei Ähnlichkeit mit einem Stab im Kriege. Am Schluß leugnete der britische Feldmarschall ausdrücklich die Existenz deutscher Bomber- und Jagdverbände, offensiver Luftstreitkräfte oder von Panzereinheiten in der britischen Besatzungszone.[46]
In seiner Denkschrift hatte Schukow auch die Frage nach aus Ausländern bestehenden Truppenteilen gestellt, die den britischen Behörden unterstellt seien. Damit meinte er ausländische Streitkräfte, die auf deutscher Seite gekämpft und bei Kriegsende in Westdeutschland Zuflucht gesucht hatten. So behauptete der Marschall im einzelnen, es gebe

12 000 Ungarn, 3200 Esten, 21 000 Litauer und Letten in der britischen Zone, und sie alle gliederten sich in militärischen Verbänden mit den entsprechenden Stäben und Kommandeuren. Am Schluß schrieb er: »Alle oben Erwähnten [einschließlich der Deutschen]. . . werden von der [britischen] Armee versorgt. Das Personal. . . trägt Rangabzeichen und Dekorationen. Alle Dienstgrade des Personals nehmen militärische Pflichten wahr. Sie werden im Rahmen ihrer Dienstbereiche befördert und erhalten bezahlten Urlaub sowie andere Vergünstigungen.«[47] Der Marschall schloß mit der Empfehlung, der Kontrollrat solle sobald wie möglich eine Inspektion der britischen Zone genehmigen.
Feldmarschall Montgomery bestritt sofort, daß Ausländer in seiner Zone festgehalten und ausgebildet würden, und erklärte, die sowjetischen Behörden verweigerten ihnen (besonders 27 000 Ungarn) die Durchreise durch Österreich. »Diese Menschen sind für mich eine große Last, und ich wäre nur zu froh, wenn die Frage nach ihrem endgültigen Verbleib befriedigend gelöst werden könnte.«[48] Dem Vorschlag des sowjetischen Marschalls, eine Untersuchungskommission einzusetzen, stimmte Montgomery ausdrücklich zu, natürlich unter der Voraussetzung, daß diese Kommission die Vollmacht haben müsse, alle Besatzungszonen zu besuchen und alle Angelegenheiten zu untersuchen, bei denen es um die Verwaltung in Deutschland ging. Er wies besonders darauf hin, daß dieser Gedanke von dem Befehlshaber in der amerikanischen Besatzungszone, General Lucius Clay, bereits zur Diskussion gestellt worden sei.[49]
Die Darstellung dieses Vorfalls durch Clay wirkt angesichts der Bedeutung der Angelegenheit recht allgemein. Er erinnert sich an eine Äußerung Montgomerys, nachdem Schukow seine Beschwerden vorgebracht hatte: »Wir sehen eine Gruppe Deutscher auf einer Ostsee-Insel, ohne alle Hilfsmittel, nicht als Weiterbestand der Wehrmacht an«, hatte

der britische Feldmarschall gesagt, »und den kleinen Stab, der die Verwaltungsgeschäfte erledigt, nicht als eine Fortsetzung des deutschen Generalstabs.«[50] Der Befehlshaber in der amerikanischen Zone gab jedoch zu, das Mißtrauen der Russen sei fraglos geweckt, und damit sei die Angelegenheit sicher noch nicht vom Tisch. Er räumte ein, auch den amerikanischen Behörden seien die Aktivitäten der Briten nicht verborgen geblieben, sie betrachteten aber die Verwendung deutschen Personals als harmlos, weil es den Briten die Verwaltung vereinfachte, »dennoch hatten wir auf die Auflösung dieser Organisationen gedrängt, damit die Sowjets keinen Anlaß für Proteste fänden«.[51]

Später schrieb Schukow: »Montgomery wollte die sowjetische Beschuldigung abtun. Sein amerikanischer Kollege, General Clay, schwieg. Er wußte offenbar von dieser Weisung des britischen Premierministers.«[52] Damit meinte er die von Churchill bei Kriegsende an Montgomery gegebene Anweisung, gegenüber den Russen fest zu bleiben. R. Hill meint dazu: »Die Russen hegten natürlich den Verdacht, die Briten hielten Verbände der deutschen Armee intakt, um sie später gegen die Sowjetunion einsetzen zu können.«[53]

Montgomery stellte fest, daß die Russen in der Tat sehr mißtrauisch seien, Schukow sich aber auf den Sitzungen des Kontrollrats ihm gegenüber freundlich gezeigt habe. Trotzdem glaubte der britische Feldmarschall, eine sehr deutliche Antwort sei angemessen, und entschloß sich, eine »ebenso offene, ungeschminkte Entgegnung« zu geben.[54] Die militante Lösung Montgomerys fand jedoch nicht die Zustimmung aller Angehörigen der britischen Regierung in der Heimat.

Da Schukow seine Denkschrift schon am 20. November dem Kontrollrat zugeleitet hatte, kannten britische Regierungsstellen den Inhalt des Dokuments schon lange vor Montgomerys Erwiderung am 30. Der Öffentlichkeit waren diese Vorgänge aber noch nicht bekannt. Die erste Reaktion des Außenministeriums war der Vorschlag an den Stab Montgomerys, der Empfehlung von Clay zu folgen: »Wir glaubten, daß, wenn der Zuständigkeitsbereich der Kommission auf alle vier Zonen ausgedehnt würde... es einen erheblichen Vorteil bedeuten könnte... denn damit hätten wir die für uns wertvolle Möglichkeit, in die russische Besatzungszone zu kommen... für den Fall, daß auch wir gegen irgendetwas Beschwerde einlegen wollten.«[55]

Das Schreiben des Außenministeriums ging am 23. November an Montgomery ab, und eine Mitteilung des Kriegsministeriums vom 26. zeigte, daß die Vorwürfe Schukows aus amtlichen Stellen durchgesickert waren. Das Telegramm des Kriegsministeriums stellte fest: »Zum Thema des Protests von Marschall Schukow gegenüber den Briten über die Verwendung von ehemaligen Angehörigen der deutschen Wehrmacht hat es eine Indiskretion gegeben.« (Handschriftlich findet sich auf dem Telegramm die Vermutung, diese Indiskretion sei möglicherweise von offizieller Seite erfolgt.) Angesichts dieses Sachverhalts hielte man es für angezeigt, auf einer Pressekonferenz eine Erklärung abzugeben, um das Vorgehen Schukows bekanntzumachen, aber weiter nichts zu verlautbaren, bis Gespräche zu diesem Thema vereinbart seien.[56]

Unmittelbar nach Bekanntgabe dieser Nachricht telegrafierte Montgomery an das Außenministerium, daß es durchaus in seinem Interesse läge, in dieser Sache eine harte Haltung einzunehmen und auf der Kontrollratssitzung am 30. »einen energischen Gegenangriff gegen [die] russische Delegation zu führen«. Er fügte den Entwurf seiner Erwiderung bei und setzte sich entschieden für den Vorschlag des amerikanischen Generals Clay ein, eine Untersuchungskommission zu bilden.[57] Indessen war das Interesse der Öffentlichkeit an der ganzen Angelegenheit gewachsen. Dazu trugen Presseberichte bei wie der des *Manchester Guardian*

vom 30. November aus Hamburg: »Heute erreicht uns die Meldung, daß festgestellt worden ist, wie ein deutscher General und sein ganzer Stab sich als Subalternoffiziere und andere Dienstgrade tarnen... Sicherheitsoffiziere, die die Personalakten aller Wehrmachtsangehörigen geprüft haben, entdeckten, daß der Hauptmann und Kompanieführer ein Generalleutnant, seine Oberleutnante Generalmajore, die Feldwebel Obersten und die Mannschaften Majore und andere Offiziersdienstgrade waren.«[58] Die militärische Einheit, die hier gemeint war, gehörte zu einer Reihe von deutschen Transportkompanien, die zur Unterstützung britischer Truppen verwendet wurden.
Sehr bald nach der Erwiderung Montgomerys vom 30. November berichtete ein Schreiben des Außenministeriums über die Sitzung: Schukow hatte sich bereiterklärt, seine Denkschrift zu den Akten zu legen, vorausgesetzt man hielt sich an die Potsdamer Beschlüsse, und die noch bestehenden Truppenteile der Wehrmacht wurden entwaffnet. Der sowjetische Marschall erklärte, das müsse beschleunigt werden und schlug die Einsetzung einer großen Kommission aus Mitgliedern aller Besatzungsstreitkräfte vor, die eine Inspektion vornehmen sollte. Gegen einen Besuch in seinem Befehlsbereich hatte er nichts einzuwenden, meinte jedoch, er hielte es nicht für notwendig, eine ständige Einrichtung daraus zu machen oder die Inspektionsreisen in bestimmten Zeitabschnitten zu wiederholen, wie Montgomery es vorgeschlagen hatte. Der amerikanische Befehlshaber General McNarney »erklärte, er sei sehr überrascht über die Zustände bei der Wehrmacht in der britischen Zone und besonders über das Fortbestehen von Stäben und Stabsquartieren. Er meinte, die Briten hätten es versäumt, sich in dieser Sache an eine der Bestimmungen des Potsdamer Abkommens zu halten. Er sei der Auffassung, der Kontrollrat habe das Recht zu verlangen, daß in allen Zonen in gleicher Weise vorgegangen würde.«[59] McNarney war auch gegen

die Errichtung einer Kommission, wenn sich ihre Vollmachten nicht auf Angelegenheiten beschränkten, über deren Bedeutung sich alle Beteiligten einig seien. Die gleiche Auffassung vertrat auch der französische Befehlshaber, General Koenig. Schließlich wurde beschlossen, die Angelegenheit zur Prüfung und späteren Berichterstattung einem Koordinierungsausschuß vorzulegen.[60]
Sir Arthur Street vom britischen Außenministerium brachte indessen die zunehmende Besorgnis zum Ausdruck, die durch Schukows Vorwürfe entstanden war. Er schrieb: »Obwohl sie [Schukows Denkschrift] ohne Zweifel viele Absurditäten und Übertreibungen enthält... fürchte ich, daß in dem Bericht über die Stabs- und Kommandostruktur der noch nicht aufgelösten deutschen Streitkräfte in unserer Zone genügend Wahrheit enthalten ist, um die finsteren Interpretationen zu rechtfertigen, die die Russen dazu geben.«[61] Street hatte das sichere Gefühl, daß sich die Briten im Kontrollrat schlecht verteidigt hatten, »und General McNarney scheint uns bei diesem seinem ersten Auftritt im Kontrollrat ganz besonders wenig genützt zu haben.«[62]
In Deutschland war die Debatte in den Koordinierungsausschuß verlegt worden, weil die Russen behaupteten, die Angelegenheit müsse jetzt auf dieser Ebene und nicht mehr auf derjenigen der Militärgouverneure verhandelt werden. Nun ersuchte Montgomery seine Regierung, von der Aufgabe entbunden zu werden, 225 000 deutsche Militärpersonen in Gewahrsam zu halten, die dafür bestimmt waren, als Arbeitskräfte für Reparationsleistungen in Großbritannien eingesetzt zu werden. Doch der Arbeitsminister zögerte. Aus den verschiedensten Gründen und auch weil klare politische Anweisungen fehlten, wünschte das Ministerium nicht, daß sich die Öffentlichkeit mit dieser Frage beschäftigte, obwohl die Legalität eines solchen Vorgehens unbestritten war, denn Großbritannien war durch die bei der Kapitulation abgegebene Erklärung dazu berechtigt. Das

Zögern des Arbeitsministeriums brachte Probleme, denn selbstverständlich hätten sich die Spannungen etwas vermindert, wenn man erklärt hätte, daß die Viertelmillion Deutsche als Arbeitskräfte zur Ableistung von Reparationen in Gewahrsam gehalten wurden. Außerdem hatten die Vereinigten Staaten das britische Außenministerium dringend gebeten, eine Erklärung abzugeben, um die Presse in Amerika zu beruhigen.[63]

Schließlich entwarf das Foreign Office eine Erklärung für den amerikanischen Außenminister, in der die britische Haltung in großen Zügen dargestellt und gerechtfertigt wurde. Zugegebenermaßen, so informierte man die Vereinigten Staaten, gab es in der britischen Besatzungszone noch etwa 700000 nicht entlassene ehemalige deutsche Soldaten, die auch noch eine Art Uniform trugen, allerdings ohne das nationalsozialistische Hoheitsabzeichen. Zu ihnen gehörten deutsche Schiffsbesatzungen, Arbeitskommandos, noch nicht entlassene Kriegsgefangene im Raum Schleswig-Holstein und die 225000 als Arbeitskräfte für Großbritannien vorgesehenen Mannschaften. Das Schreiben wies darauf hin, daß sich wahrscheinlich im Hinblick auf diese Arbeitskräfte keine Fragen erhoben hätten, wenn England über die Transportmittel verfügt hätte, sie aus Deutschland herauszubringen. Schließlich wurde zugegeben, daß auch Fehler begangen worden seien: »Es war klar, daß die britische Vertretung im Kontrollrat ihre Position in dieser Frage als angreifbar ansah, und daß die Russen in einigen Punkten recht hatten. Der Chef des Stabes [General Robertson] hat eine drastische und sofortige Überprüfung unserer Haltung gegenüber ehemaligen Wehrmachtsangehörigen angeordnet. . . Es ist klar, daß einer der begangenen Fehler ein rein taktischer gewesen ist insofern, als wir für die verschiedenen weiterbestehenden deutschen Verbände und Stäbe die militärische Terminologie verwendet haben. . . Die ganze Angelegenheit ist natürlich durch den

Umstand schwieriger geworden, daß die Russen am 4. Dezember. . . die Denkschrift Schukows über den Moskauer Rundfunk gesendet haben.«[64]

Am 6. Dezember berichtete der militärische Korrespondent der *Times* über die sowjetischen Vorwürfe und das Fortbestehen zahlreicher ehemaliger Verbände der deutschen Wehrmacht in der britischen Besatzungszone. Er beschrieb die letzte Offensive der britischen 21. Heeresgruppe und erinnerte daran, als sie die Ostsee erreicht habe, seien Millionen deutscher Soldaten auf der Halbinsel abgeschnitten worden. »In diesen Räumen sind die Trümmer der Wehrmacht geblieben.«[65] Der Korrespondent schrieb, zwar sei die Demobilisierung im großen Maßstab vorangegangen, aber die Zahl der noch nicht entlassenen Soldaten sei groß, und einen beachtlichen Prozentsatz davon bildeten die unteren Ränge der Waffen-SS. Er erklärte jedoch, daß die sowjetischen Vorwürfe stark übertrieben seien, denn in einer Presseverlautbarung der britischen Regierung sei festgestellt worden, daß schon zwei Millionen deutsche Soldaten entlassen seien und die restlichen 500000 Mann so rasch wie möglich für die Entlassung erfaßt werden sollten.[66] Indessen erhielt Montgomery die Mitteilung, er möge nichts unternehmen, um die 225000 Deutschen zu entlassen, die für Reparationsarbeiten vorgesehen waren, bis die Angelegenheit auf Ministerebene entschieden sei.[67]

In einem stilistisch unmöglichen Bericht an das Außenministerium (Montgomery bediente sich dabei einer Ausdrucksweise wie sie beim Golfspiel üblich ist) berichtete der Feldmarschall über die Diskussion im Kontrollrat am 30. November, wie sie sich ihm dargestellt hatte. Zunächst bezeichnete er seine Erwiderung auf die Denkschrift Schukows als einen »Treibschlag« über den »Fairway«. . . »McNarney. . . spielte den nächsten Schlag. Er stellte sich feindlich ein, und als er geschlagen hatte, lag der Ball auf unebenem Boden am Rande des Fairway. Nun war Koenig an der Reihe, und er schlug den Ball wieder auf den Fairway.«[68] Nach diesen »Erörterungen« meldete sich Schukow wieder zu Wort, was Montgomery folgendermaßen beschrieb: Der sowjetische Marschall habe »sehr sorgfältig einen Schläger ausgewählt und dann versucht, den Ball in das schwierigste Gelände zu bringen«. Damit meinte er den russischen Vorschlag, einen Untersuchungsausschuß einzusetzen. Als der Kontrollrat dieser Empfehlung nicht sofort folgte, meinte Montgomery, Schukows »Schläger rutschte aus, und sein Schlag ging daneben. . . Ich trat dazwischen und verlangte, den nächsten Schlag tun zu dürfen.« Was dabei herauskam, war die Erklärung Montgomerys, daß es »sinnlos erschien, einen aus hundert Offizieren bestehenden Ausschuß abzuschicken, um festzustellen, ob meine Darstellung richtig sei. Dann erklärte ich, die beste Lösung wäre es, die ganze Angelegenheit dem Koordinierungsausschuß zu überweisen, damit sie von der obersten militärischen Führung geprüft werden könnte.«[69]

Den weiteren Verlauf des »Spiels« schildert Montgomery wie folgt: »Das war ein guter Schlag; der Ball lag nun wieder auf dem Fairway auf einer günstigen Stelle. McNarney legte einen guten Schuß in Richtung auf das Grün vor, und Koenig nahm einen Mashie und placierte den Ball neben das Loch. Dann traten wir alle ans Grün heran, und inzwischen lachten und scherzten wir schon über das Spiel. Es war klar, daß Schukow sich mit dem Vorschlag (siehe Abschnitt 5) einverstanden erklären würde. Aber offensichtlich wollte er sich aus dieser Distanz noch nicht festlegen, sondern mich veranlassen, einen schwierigen Schlag auf das Loch zu versuchen. Er nahm seinen Schläger, und der folgende Schlag entsprach mehr oder weniger Absatz 5. Sein Ball landete in einiger Entfernung vom Loch und liegt jetzt nicht ungünstig. Ich bin als nächster an der Reihe, und wir müssen versuchen, ins Loch zu kommen, was durchaus möglich ist, wenn wir genau auf die Schußlinie achten. Der nächste

Schlag ist sehr wichtig. Ich habe noch nicht den geeigneten Schläger und werde ihn in der Werkstatt anfertigen lassen müssen. Hier werde ich Ihre Hilfe brauchen, wie in Absatz 7 erläutert.«[70]

Nun kehrte Montgomery wieder zu einer etwas normaleren Ausdrucksweise zurück und schrieb, er wollte die deutschen Stäbe so bald wie möglich loswerden, was auch die Entlassung der meisten deutschen Gefangenen bedeuten würde. Insgesamt waren es etwa 700000 Mann, und zu ihnen gehörten auch die für Großbritannien vorgesehenen Arbeitskommandos. Wieder bat Montgomery um die Erlaubnis, auf diese Männer zu verzichten. Er schloß mit den Worten: »Ich muß dazu sagen, daß die Russen außerordentlich mißtrauisch sind, weil wir noch 700000 deutsche Soldaten in Gewahrsam haben, und daß sie unseren Absichten nicht trauen.«[71]

Die ganze Affäre war nun nicht mehr allein Sache der Befehlshaber in den deutschen Besatzungszonen und der Beamten des britischen Außenministeriums, sondern zog viel weitere Kreise. Nicht nur die *Iswestija* brachte am 4. Dezember einen ausführlichen Bericht, der mit der Denkschrift Schukows begann, sondern auch die BBC nahm sich zwei Tage später des Problems an.[72] Die Notwendigkeit, jetzt unter den Augen der Öffentlichkeit Entscheidungen zu treffen, und der Umstand, daß es sich als unmöglich erwies, zu einer für alle Beteiligten annehmbaren Lösung zu kommen, stellten für die Maschinerie des Alliierten Kontrollrats die bisher schwerste Belastungsprobe dar. In gewissen diplomatischen Kreisen glaubte man fürchten zu müssen, daß die Auflösung dieser Institution kurz bevorstand und die sowjetische Herausforderung eine beabsichtigte Provokation gewesen sei. Diese letzte Entwicklung veranlaßte das britische Außenministerium zu der Bemerkung, daß »Feldmarschall Montgomerys Golfball augenscheinlich wieder in rauhes Gelände gefallen« sei.[73]

Montgomery, der unter zunehmendem Druck stand, begann sofort die Vorbereitungen für eine rasche Auflösung der unter seinem Befehl stehenden Einrichtungen der ehemaligen Wehrmacht. Er setzte im Hauptquartier der britischen Rheinarmee eine Besprechung an, und am 10. Dezember wurde das Unternehmen »Clobber« in Angriff genommen, dessen Ziel es war, alle noch in britischem Gewahrsam befindlichen ehemaligen deutschen Soldaten bis zum 30. Januar zu entlassen.[74] Der britische Botschafter in der Sowjetunion, Sir A. Clark Kerr, war bereits vorgewarnt worden, daß die Sowjets »wegen des Weiterbestehens deutscher militärischer Verbände in der britischen Besatzungszone immer ungehaltener werden. Ich glaube, Sie müssen damit rechnen, daß sie diese Angelegenheit im Verlauf der Moskauer Konferenz zur Sprache bringen werden.«[75]

Teilaspekte dieser »Angelegenheit« wurden schon früher zur Sprache gebracht, denn am 11. Dezember war im Unterhaus eine Anfrage eingebracht worden, in der nach dem Ergebnis der Berliner Gespräche gefragt wurde. Insbesondere erkundigte sich der Fragesteller danach, was – wenn überhaupt – über den russischen Vorschlag entschieden worden sei, die deutschen militärischen Verbände in der britischen Zone durch eine interalliierte Kommission inspizieren zu lassen. Außerdem wollten einige Abgeordnete Einzelheiten über diese deutschen militärischen Verbände wissen wie zum Beispiel ihre Mannschaftsstärke, welche Waffen sie besaßen und wann sie endgültig aufgelöst werden sollten. Das Hauptquartier Montgomerys teilte dem Parlament mit, der sowjetische Vorschlag sei an den Koordinierungsausschuß überwiesen worden, die Entlassung deutscher Soldaten sollte so rasch wie möglich abgeschlossen werden, und es gäbe noch 520000 ehemalige deutsche Soldaten in britischem Gewahrsam, von denen jedoch keiner bewaffnet sei.[76]

Wenig später erklärte das britische Foreign Office, die Antworten zu den sich aus den sowjetischen Vorwürfen ergebenden Problemen seien der Presse zugänglich gemacht worden, und man hielte sie für ausreichend. Man beabsichtige nicht, die Angelegenheit noch weiter in der Öffentlichkeit zu behandeln, denn es sei nicht üblich, über die vom Viermächtekontrollrat in Deutschland herausgegebenen Kommuniqués hinauszugehen.[77] Indessen ging dem britischen Kabinett ein Bericht über die Beratungen des Koordinierungsausschusses zu. Ein Geheimbericht meldete, die Sitzung des Ausschusses am 17. Dezember habe lange Zeit in Anspruch genommen, und man habe vor allem über die sowjetischen Vorwürfe gesprochen. General Robertson hatte ein Papier in Umlauf gebracht, das die Details der britischen Pläne für die Auflösung der ehemaligen Wehrmachtsstäbe und die Entlassung des Personals enthielt, um: »die Unsicherheit zu beseitigen, die in den Worten von Marschall Schukow und General McNarney zum Ausdruck gekommen ist... Wir haben nicht zugegeben, daß wir die Bedingungen des Potsdamer Abkommens nicht erfüllt hätten.«[78]

Die Hauptpunkte der Denkschrift von Robertson enthielten die folgende Statistik über die Vorgänge bis zu diesem Zeitpunkt: Entlassene Wehrmachtangehörige 2007000; Anzahl der noch innerhalb und außerhalb von Deutschland als »entwaffnetes Personal« festgehaltenen Personen 293000; Kriegsgefangene 110000; Kranke 90000; als Arbeitskommandos eingesetzte Soldaten, die zum Minenräumen und für andere wichtige Aufgaben verwendet wurden, 120000; deutsches Marinepersonal 42000; das waren insgesamt 656000 Mann, von denen 126000 nicht die deutsche Staatsangehörigkeit hatten. Robertson erklärte, am 31. Januar würden davon nur noch die als Arbeitskommandos eingesetzten Verbände mit einer Mannschaftsstärke von 120000 übrig sein; dazu das Marinepersonal mit 42000 Mann und etwa 85000 Mann in Kriegsgefangenenla-

gern (außer den 36000 Nicht-Deutschen). Die Verlegung der Ausländer aus der britischen Besatzungszone, besonders der Ungarn und Rumänen, so erklärte Robertson, sei davon abhängig, daß die Sowjets Transportmöglichkeiten für die Durchreise durch Österreich zur Verfügung stellten.[79]
In der sowjetischen Antwort erklärte General Sokolowski, gegen die von Robertson genannte Schlußziffer sei nichts einzuwenden; was jedoch die Ungarn und Rumänen beträfe, so wäre es Sache der Briten, die Durchreise zu organisieren. Außerdem behauptete er, die Briten hätten 100000 Bürger der Sowjetunion nicht in die Statistik aufgenommen und verhinderten ihre rechtmäßige Rückkehr.[80]
In einem Bericht des britischen Außenministeriums hieß es, daß die Briten im Verlauf der Diskussionen loyal von der französischen Delegation unterstützt worden seien. Besonders wurde hervorgehoben, daß der amerikanische Vertreter, General Lucius Clay, die Briten ständig behindert habe, nicht aber den russischen Vertreter, General Sokolowski.[81]
Das war für General Robertson und seine Delegation ein wunder Punkt, denn sie nahmen es Clay übel, daß er sie nicht gegen die Sowjets unterstützt hatte. Sie hatten den Eindruck, »daß sich die Amerikaner im allgemeinen sehr darum bemühen, die Russen bei guter Laune zu halten«.[82]
Sokolowski schien jedoch mit der britischen Darstellung zufrieden zu sein, und das Kabinett erhielt die Mitteilung, ein »Bericht wird dem Kontrollrat am 20. Dezember vorgelegt werden, und wir dürfen hoffen, daß die sowjetische Beschwerde jetzt erledigt ist«.[83]
Die britische »Hoffnung« war offensichtlich etwas verfrüht, denn auf der Kontrollratssitzung am 20. Dezember erhoben die Sowjets neue Vorwürfe. Sir W. Strang schildert das wie folgt: »Wir waren zu optimistisch gewesen, wenn wir geglaubt hatten, daß wir im Koordinierungsausschuß alle sowjetischen Beschwerden erledigt hätten. . . Auf der heutigen Sitzung stimmte Marschall Schukow zwar dem

Plan für die Auflösung [deutscher Verbände] zu... legte jedoch eine Reihe neuer Beschwerden auf den Tisch.«[84] Die neuen Beschwerden, drei an der Zahl, waren: 1. Die Briten rekrutierten auch weiterhin Deutsche für die britische Armee; 2. der Befehlshaber der polnischen Truppen in der britischen Zone rekrutierte neue polnische Mannschaften (Schukow erklärte, diese Einwände richteten sich nicht gegen die Gegenwart polnischer Truppen, die auf alliierter Seite gegen die Deutschen gekämpft hätten; er wundere sich jedoch darüber, daß diese Verbände weiterbestehen könnten, denn sie stünden nicht unter dem Befehl der Regierung in Warschau); 3. die 36000 Nicht-Deutschen dürften nicht in irgendwelchen Verbänden zusammengefaßt werden, und sie (Polen, Balten, Ungarn und Rumänen) sollten in ihre jeweilige Heimatländer oder zumindest in die britische Zone entlassen werden.[85]

Interessanterweise unterscheidet sich die Darstellung der Amerikaner von der Sitzung in einigen Punkten von der britischen. Die Amerikaner bezeichneten den Beginn der Gespräche als »ein hitziges Aufflammen bei der Erörterung des Berichts des Koordinierungsausschusses über deutsche Verbände in der britischen Zone«.[86] In dem amerikanischen Bericht hieß es auch, Schukow habe die Bereitschaft zum Ausdruck gebracht, die Angehörigen der aufgelösten nicht-deutschen Verbände in seiner Zone aufzunehmen. Die Briten hätten ihm jedoch nichts über sie oder ihren Wunsch mitgeteilt, nicht in die Heimat zurückzukehren.[87] Über diese Äußerung von Schukow war in dem Bericht des britischen Außenministeriums, der dem Kabinett oder anderen offiziellen Stellen zugänglich gemacht werden sollte, nichts enthalten.[88]

Die Reaktion Montgomerys auf die neuen Beschwerden Schukows schilderte der Bericht des Außenministeriums wie folgt: »Was den ersten Punkt betrifft, so hat Feldmarschall Montgomery den Marschall Schukow festgenagelt...

und bestritt ihn dann kategorisch... Was den zweiten und dritten Punkt betrifft, so sagte Feldmarschall Montgomery, er werde berücksichtigen, was Marschall Schukow gesagt habe.«[89] Auch hier vertrat das amerikanische State Department eine andere Auffassung und behauptete, Montgomery habe nach seiner Erklärung, er wolle das, was Marschall Schukow gesagt hatte, in Erwägung ziehen, »ausdrücklich verlangt, der Marschall möge bestätigen, er habe erklärt, britische Behörden stellten Deutsche in die britische Armee ein«. Schukow habe das getan und weiter behauptet, die rekrutierten Deutschen seien ehemalige Angehörige von Panzerverbänden, Bodenpersonal, Pioniere, Kraftfahrer und Angehörige der deutschen Kriegsmarine, und die Städte, in denen die Rekrutierungen stattfänden, seien Hamburg, Kiel, Lübeck und Münster. Der britische Feldmarschall erwiderte, das alles sei nicht wahr.[90]
Zur Frage der Rekrutierung von Deutschen für die britische Armee mußte Schukow schließlich zugeben, daß dies nicht der Fall sei. Er behauptete, hier gäbe es ein Mißverständnis, denn er habe nicht gesagt »Rekrutierung in die britische Armee«.[91] (Wahrscheinlich meinte er die Rekrutierung einer aus Deutschen bestehenden Armee.) Er ließ sich jedoch auch noch weiter über die Frage der polnischen Streitkräfte in der britischen Zone aus und wiederholte seine Ansicht, daß es nicht unter britischem Kommando polnische Einheiten geben dürfe, die keinen Eid auf das neue Polen abgelegt hätten. Schließlich habe Großbritannien die polnische Regierung ja anerkannt. Montgomery antwortete, dies sei keine Angelegenheit, die im Rahmen des Kontrollrats erörtert werden könnte, und weigerte sich, an einer weiteren Debatte darüber teilzunehmen.[92]
Indessen war eine Schöpfung der Potsdamer Konferenz, der Rat der Außenminister, im Dezember in Moskau zusammengetreten, wo die amerikanische, britische und russische Delegation versuchten, allseitig interessierende Pro-

bleme zu lösen. Zwar lag der Schwerpunkt der Besprechungen in Moskau bei einer Anzahl verschiedenster Fragen, die nach der Potsdamer Konferenz nicht mehr hatten behandelt werden können, aber die britische Delegation entschloß sich doch, die gegenwärtige Kontroverse im Alliierten Kontrollrat zur Sprache zu bringen. Der sowjetische Außenminister hatte in inoffiziellen Gesprächen schon darauf angespielt, und die Briten hatten verstimmt darauf reagiert, daß hier an der Aufrichtigkeit des Feldmarschalls Montgomery gezweifelt worden war. Am 24. Dezember empfahlen die Briten die Annahme des Vorschlags von Montgomery, wonach ein Untersuchungsausschuß alle vier Zonen besuchen sollte. Doch »am folgenden Tag sagte Molotow, er habe von Marschall Schukow einen Brief erhalten, in dem dieser ihm mitteilte, die Angelegenheit sei erledigt ... und deshalb wünsche die sowjetische Delegation ihren Vorschlag, daß ein Untersuchungsausschuß gebildet werden sollte, zurückzuziehen.«[93] Die Briten drängten auch weiterhin auf die Annahme des Vorschlags von Montgomery, mußten aber inoffiziell einräumen, daß »durch weitere Gespräche [mit den Sowjets] nichts zu gewinnen ist.«[94]
Eine kurze Denkschrift des Kriegsministeriums vom 28. Dezember beschloß das Jahr mit der starken Untertreibung, daß »alle akuten Schwierigkeiten, die wir jetzt noch mit den Russen in Deutschland haben, nur daher kommen, daß so viele noch nicht entlassene deutsche Soldaten den Status von ›entwaffnetem Personal‹ haben und nicht als Kriegsgefangene angesehen werden«.[95] Damit endete das Jahr 1945.

6.
Die Fronten klären sich

Die vollständige Entwaffnung Deutschlands war natürlich nur eines der Probleme, die zu immer größeren Differenzen zwischen den damaligen Verbündeten führten. Entscheidend aber war, daß Deutschland ein gemeinsames Problem darstellte und deshalb die Auseinandersetzung nicht auf Distanz geführt werden konnte. Die militärischen und zivilen Vertreter der einzelnen Nationen sahen sich gezwungen, zur Lösung bestimmter Probleme gemeinsam etwas zu unternehmen, obwohl sie sehr unterschiedliche Standpunkte einnahmen. »Auf dem Gebiet der Außenpolitik, die unsere ganze Geschichte. . . und die Hoffnungen der Welt auf Frieden beeinflußt hat«, schreibt ein britischer Parlamentsabgeordneter, »waren unsere Beziehungen zur UdSSR und unsere Haltung gegenüber diesem Land im Hinblick auf Deutschland das Hauptproblem.«[1]
Auf der zweiten Sitzung des Rats der Außenminister in Moskau (16.–26. Dezember 1945) machte der amerikanische Außenminister Byrnes den Vorschlag, über die Entmilitarisierung Deutschlands ein Abkommen mit einer Laufzeit von fünfundzwanzig Jahren zu treffen. Das war offensichtlich eine Reaktion auf den immer heftiger werdenden Streit über die Lage in Deutschland, der die Sitzungen des Alliierten Kontrollrats beherrschte. Außenminister Byrnes richtete seinen Vorschlag unmittelbar an Stalin und erklärte die Bereitschaft des amerikanischen State Department, einen Vertragsentwurf als Diskussionsgrundlage

vorzulegen. Alle Quellen berichten, daß der sowjetische Diktator diese Idee begeistert aufgenommen habe.[2]
Im Februar 1946 war der Entwurf fertig zur Vorlage in Großbritannien, Frankreich und der Sowjetunion. Es wurde vorgeschlagen, Vertragspartner sollten über einen Zeitraum von fünfundzwanzig Jahren gemeinsam die Entmilitarisierung Deutschlands garantieren, während ein Viermächtekontrollrat die Einhaltung der Beschlüsse überwachte. Der russische Außenminister meinte jedoch, der Entwurf von Byrnes ginge zu wenig ins Detail. Außerdem glaubte Molotow, in der gegenwärtigen Lage wäre ein Vertrag mit einer Laufzeit von vierzig Jahren besser als ein Vertrag, der nur fünfundzwanzig Jahre gültig sein sollte.[3] Dann wies der sowjetische Vertreter aber sofort auf ein viel aktuelleres Problem hin. Sein Land sei äußerst unzufrieden mit dem gegenwärtigen Stand der Entwaffnung Deutschlands in den westlichen Besatzungszonen, stellte er fest. Während Byrnes die Auffassung vertrat, der vorgeschlagene Vertrag sei der wichtigste Verhandlungsgegenstand, weil er die künftige Basis für eine dauernde Sicherheit darstelle, kehrte Molotow zu seinem schon vorher eingenommenen Standpunkt zurück und behauptete, »ein solcher Vertrag sei nutzlos, solange nichts unternommen werde, um Deutschland sofort zu entwaffnen«.[4] Wenig später wiederholte Molotow seine Vorwürfe in einer Rundfunksendung aus Moskau, in der er sagte: »Ist es zum Beispiel möglich, solche Tatsachen zu übersehen, wenn – sagen wir – Hunderttausende von Soldaten der geschlagenen deutschen Armee in dieser oder jener Form in einem von unseren Verbündeten besetzten Gebiet in Bereitschaft gehalten werden?«[5]
Wenn der Vorschlag für ein Abkommen über die Entmilitarisierung Deutschlands auch von den Vereinigten Staaten kam, so haben die immer schlechter werdenden Beziehungen zwischen Briten und Russen wohl dabei eine Rolle gespielt. Wenn Molotow sich weigerte, in einer vertrauens-

vollen Atmosphäre über den Vertrag zu diskutieren, dann lag dies sicher an der Überzeugung der Russen, man habe noch nicht begonnen, wirksame Maßnahmen zur Entmilitarisierung Deutschlands zu ergreifen. In seiner Rundfunkansprache aus Moskau erwähnte Molotow besonders die ehemaligen Wehrmachtsangehörigen unter britischer Kontrolle.

Die Vorwürfe konnten von der britischen Regierung nicht mehr ignoriert werden. Es wurde veranlaßt, daß die Öffentlichkeit besser über die Einzelheiten bei der Auflösung der Verbände der deutschen Wehrmacht informiert wurde. Ende Februar meldete die *Times*, ein (ungenannter) höherer britischer Offizier habe die neuesten Informationen über die Auflösung der Reste des deutschen Heeres zur Verfügung gestellt. Am 1. Februar hätten sich noch 360000 ehemalige deutsche Soldaten in britischem Gewahrsam befunden. Etwa 37000 Mann seien noch in engen Räumen zusammengezogen, doch nur 9000 von ihnen seien Deutsche. Die übrigen seien Österreicher und Ungarn, deren Rückführung in die Heimat sich verzögere, weil die Russen sich weigerten, die notwendigen Ausreisedokumente auszustellen. Schließlich seien zehn der dreizehn deutschen Verwaltungsstäbe aufgelöst, und auch die drei noch verbliebenen sollten in nächster Zeit aufgelöst werden.[6] Wenige Tage später erschien ein langer Artikel mit der Überschrift »Die letzten Reste der Wehrmacht«.[7] Darin erfuhr der britische Zeitungsleser, daß die Aufgabe, die einst mächtige deutsche Armee aufzulösen, kurz vor ihrem Abschluß stand. In einem zusammenfassenden Bericht über die abschließende Entlassungsaktion mit dem Decknamen »Clobber« hieß es, in den vergangenen zwei Monaten seien etwa 272000 Deutsche ins Zivilleben entlassen worden, und weitere 11000 sollten in Kürze entlassen werden. Damit blieb ein Rest von 110000 deutschen Kriegsgefangenen, die aus Sicherheitsgründen festgehalten werden mußten.

Fast 134000 ehemalige Wehrmachtsangehörige waren, wie es in dem Bericht weiter hieß, in der britischen Zone eingesetzt, und zwar als »Stäbe... die die Entlassungen unter britischer Aufsicht überwachten, als sogenannte Dienstgruppen, um den Personalmangel der Briten auszugleichen, und als Minenräumkommandos in den deutschen Küstengewässern. Die Entlassung Nicht-Deutscher ging langsamer voran. Nur 15000 der 116000 im Dezember noch festgehaltenen Ausländer wurden in die Heimat geschickt.«[8]
In seiner früheren Rundfunksendung hatte Molotow über die unter britischer Aufsicht stehenden Ausländer gesprochen, besonders von den »Tausenden von Soldaten des polnischen faschistischen Generals Anders, der dafür bekannt ist, daß er die Sowjetunion haßt«. Dazu erwähnte er ein »russisches ›weißes‹ Infanterieregiment, das im Kriege unter Hitlers Befehl gestanden hat«.[9] In einer Erwiderung schrieb die *Times* am 26. Februar, es gäbe unter den Nicht-Deutschen in der britischen Zone etwa achtzehn Nationalitäten, die in Hitlers Wehrmacht gedient hätten, doch besonders die Polen, Ungarn und Russen weigerten sich, in ihre Heimat zurückgeschickt zu werden. Im übrigen würden die Lager, in denen sie untergebracht seien, meist von Deutschen verwaltet.[10] Der Artikel schloß mit der interessanten Feststellung, die Deutschen, die in den Dienstgruppen dienten, würden entsprechend ihrem ehemaligen Rang in der Wehrmacht bezahlt, und ihre Ehefrauen erhielten eine monatliche Beihilfe von 60 Reichsmark, wenn sie ihren Wohnsitz in der britischen Zone hätten.[11]
Im November 1945 waren die Besatzungsmächte in der Kontrollratsdirektive Nr. 18 übereingekommen, die Auflösung der deutschen Wehrmacht nach bestimmten Richtlinien vorzunehmen.[12] Das Dokument gewährte den einzelnen Befehlshabern erhebliche Handlungsfreiheit im Hinblick auf die in den jeweiligen Ländern benötigten deutschen Arbeitskräfte und erlaubte es ihnen, im Rahmen

der allgemeinen Entlassung von Wehrmachtsangehörigen solche Personen, die ein Sicherheitsrisiko darstellten, auch weiterhin in Gewahrsam zu halten. In bestimmten Punkten hatte man sich jedoch auf ein grundsätzliches Verfahren geeinigt. Jeder einzelne Deutsche sollte in die Zone entlassen werden, in der er früher beheimatet gewesen war (die Behörden in allen vier Besatzungszonen sollten bei den Entlassungen den gleichen Vordruck benutzen). Nicht-Deutsche sollten so bald wie möglich den Regierungen ihrer Heimatländer übergeben werden.[13] Außerhalb von Deutschland festgehaltene Kriegsgefangene sollten in ihre jeweilige Heimat gebracht und dort entlassen werden. Diese Richtlinien brachten einerseits deutlich zum Ausdruck, daß die bestehenden Vereinbarungen zur Zerschlagung der Wehrmacht eingehalten werden mußten, während sie andererseits die Grundlage dafür boten, deutsche Kriegsgefangene – soweit es möglich war – als Arbeitskräfte außerhalb Deutschlands zu verwenden. Das war auch offensichtlich der Sinn der Direktive, und da sich die Beschwerden der Russen, die diese zu der Zeit erhoben, als die Direktive erlassen wurde, sich gegen das Fortbestehen deutscher Streitkräfte in der britischen Zone wendeten, kann man nur zu dem Schluß kommen, daß die Besatzungsmächte lediglich eine allgemeine Erlaubnis dafür erteilen wollten, daß Kriegsgefangene in den jeweiligen Ländern dieser Mächte festgehalten wurden.[14]

Als die Briten im Juni 1945 die deutschen Dienstgruppen einrichteten und sie bis 1946 noch weiter ausbauten,[15] geschah das nicht im Geist der alliierten Absichten, wie sie in den Potsdamer Beschlüssen und in der späteren Direktiven des Alliierten Kontrollrats für Deutschland zum Ausdruck kamen. Außerdem erregte auch die Tatsache das Mißtrauen der Russen, daß sich die Dienstgruppen zu einem beachtlichen Teil aus Kriegsgefangenen zusammensetzten, die früher jenseits der Oder-Neiße-Linie oder in der sowjetischen Besatzungszone beheimatet gewesen waren.[16]

Am 5. März 1946 wurde der Weltöffentlichkeit schlagartig klar, worum es bei den scharfen Auseinandersetzungen zwischen Briten und Sowjets eigentlich ging. An diesem Tag sprach Winston Churchill im Westminster College in Fulton, Missouri, vor einem Publikum, zu dem auch Präsident Truman gehörte, und erläuterte seine Auffassungen von den Differenzen, die sich zwischen den ehemaligen Verbündeten entwickelt hatten. Die Amerikaner waren damals freilich noch längst nicht so feindselig gegenüber der Sowjetunion wie die Briten, und die Ausführungen Churchills versetzten der Öffentlichkeit in den Vereinigten Staaten einen gewaltigen Schock: »Unsicherheit und der Mangel an Bereitschaft, sich einer Koalition gegen Rußland anzuschließen, gab es bei den Amerikanern auch noch einige Monate später. . . Zu der wirklichen Verhärtung der öffentlichen Meinung in Amerika gegenüber Rußland kam es erst 1947 und 1948.«[17]

Daß Churchill in außenpolitischen Fragen noch einen großen Einfluß in England hatte, war nicht überraschend, denn alle Führer der britischen Labourpartei hatten während der Kriegsjahre unter Churchill gelebt und gearbeitet und viel von seinen Vorurteilen gegen die Sowjets übernommen. Ein nicht geringer Teil der Labourführung war sogar der Auffassung gewesen, daß Churchill so lange an der Regierung bleiben sollte, bis Japan geschlagen war (was nach allgemeiner Ansicht erst 1946 der Fall sein würde).[18] Natürlich teilten nicht alle Angehörigen der Labourpartei die Ansichten des ehemaligen Premierministers. Der Parlamentsabgeordnete Denis N. Pritt schrieb zu der Zeit, als Churchill seinen Vortrag in Fulton hielt, daß »Churchill jetzt zwar nur eine einfache Privatperson ist, aber immer noch so viel Prestige besitzt, daß seine Äußerungen auf internationaler Bühne so große Bedeutung haben, daß es vom Standpunkt der Regie-

rung seines Landes aus weise und hilfreich wäre, wenn er sich solcher Äußerungen enthielte . . . Der Vortrag [in Fulton] war ein deutlicher Aufruf zu. . . [einem] anglo-amerikanischen Militärbündnis gegen die UdSSR.«[19]
Die Ansprache Churchills wurde besonders wegen des folgenden Satzes berühmt: »Von Stettin an der Ostsee bis nach Triest an der Adria hat sich quer über den Kontinent ein eiserner Vorhang gesenkt.«[20] Wohl sprach der jetzt mehr als siebzig Jahre alte Staatsmann von den engen Beziehungen zwischen ihm und Stalin während des Krieges und sagte, er hege eine große Bewunderung für das russische Volk, wendete sich dann aber sehr bald dem eigentlichen Thema zu. Obwohl das gewaltige Ringen gegen Deutschland eben erst zuendegegangen war, sprach Churchill von einer neuen Gefahr, die die Welt bedrohe, dem Kommunismus. Er erwähnte die kritischen Gebiete in der Welt, wo die Zukunft frei gewählter Regierungen auf dem Spiel stünde. »Außer im britischen Commonwealth und in den Vereinigten Staaten«, sagte er seinen ihm gebannt lauschenden Zuhörern, »stellen die Kommunistischen Parteien oder Fünften Kolonnen eine ständig wachsende Herausforderung und Gefahr für die christliche Zivilisation dar.«[21] Während er sich im Lauf seiner Ausführungen für dieses Thema erwärmte, bestritt Churchill jede Möglichkeit, ein Gleichgewicht der Kräfte herzustellen, das die Sowjets respektieren würden. Statt dessen rief der alte Staatsmann zu einem allumfassenden Bündnis zwischen den Vereinigten Staaten und dem britischen Commonwealth auf. »Was ich bei unseren russischen Freunden gesehen habe, hat mich davon überzeugt, daß sie nichts mehr bewundern als Stärke und nichts geringer achten als militärische Schwäche.«[22]
Zwar reagierte die Presse in der westlichen Welt unterschiedlich, aber bestimmte Tatsachen ließen sich offensichtlich nicht leugnen. Als Churchill zu einer starken Allianz aufrief, hatte er sich zwar schon ins Privatleben

zurückgezogen, war aber doch eine international bekannte Persönlichkeit; und die Tatsache, daß der amerikanische Präsident sich unter den Zuhörern befand, verlieh seiner Ansprache eine noch größere Bedeutung. Interessanterweise wurden die Vorschläge des ehemaligen Premierministers in Großbritannien nicht allgemein unterstützt, und Attlee weigerte sich, eine von mehr als hundert Abgeordneten, die Churchills Rede in Fulton verurteilten, beantragte Debatte im Unterhaus zuzulassen.[23]

In der Sowjetunion reagierte Stalin selbst in einer Rundfunkansprache auf die Äußerungen Churchills. Hier beschimpfte er seinen ehemaligen Verbündeten als einen Kapitalisten. Stalin fragte: »Wie läßt sich eine solche Behauptung [daß zwischen Großbritannien und der Sowjetunion ein freundschaftliches Verhältnis bestünde] von Mister Churchill damit vereinbaren, daß er einen Krieg gegen die Sowjetunion vorbereitet ... [und] eine neue militärische Expedition gegen Osteuropa?«[24]

Wenn es im Hinblick auf die Fortsetzung der Zusammenarbeit unter den im Kriege Verbündeten in der Zeit nach dem Kriege irgendwelche Zweifel gegeben hatte, dann bestätigten sie sich jetzt. Die Historiker, die sich mit dem Kalten Krieg beschäftigt haben, sind sich zwar über den Zeitpunkt seines Beginns nicht einig, aber die oben dargestellten Ereignisse zeigen recht deutlich, daß sich zwischen Großbritannien und der Sowjetunion eine Gegnerschaft entwickelt hatte, bevor die Vereinigten Staaten an der Kontroverse beteiligt waren. Die öffentliche Meinung in Großbritannien begann in den Jahren 1945/46 gegenüber Rußland eine ablehnende Haltung einzunehmen, und das geschah mit Sicherheit vor der Zeit, in der sich die Stimmung in den Vereinigten Staaten in gleicher Weise verhärtete.[25]

In den entscheidenden Jahren von Kriegsende 1945 bis 1947, als die Vereinigten Staaten die Verantwortlichkeiten übernahmen, die bis dahin von Großbritannien wahrgenommen worden waren, hatte England schon alle Erwartungen aufgegeben, mit der Sowjetunion zusammenarbeiten zu können. Churchill hatte nicht nur im Mai 1945 die Bereitschaft gezeigt, notfalls auch mit deutschen Truppen gegen die Russen zu kämpfen, sondern hatte sogar schon während des Krieges britische Soldaten gegen die kommunistischen Partisanen Griechenlands eingesetzt. Das hatte er in seiner Ansprache in Fulton voller Stolz erwähnt, als er von der Beherrschung Mitteleuropas durch die Sowjetunion sprach: »Nur Athen mit seiner unsterblichen ruhmreichen Vergangenheit hat die Freiheit, seine Zukunft durch Wahlen zu bestimmen.«[26]

In den auf das Kriegsende folgenden Monaten veränderten die britischen Streitkräfte in Europa und besonders in Deutschland ihre Funktion. Aus einer Besatzungsarmee in einem besiegten Land war eine Verteidigungsarmee für Westeuropa geworden, die, wenn es notwendig werden sollte, von den Deutschen unterstützt werden konnte. Wenn auch die Kampfkraft dieser Streitkräfte nach 1945 rasch abgenommen hatte, übernahm die britische Armee im Auftrag der politischen Führung doch die Aufgabe, den Westen zu verteidigen. Hat sich, so fragte der Militärhistoriker C. Barnett,[27] während dieses Zeitraums, als die Amerikaner noch keineswegs bereit waren, an irgendeinem »kalten Krieg« teilzunehmen, »die britische Rheinarmee aktiv auf einen großen Verteidigungskrieg vorbereitet?«

Die Sowjets haben das offenbar geglaubt, und während die internationale Diplomatie im Rahmen der laufenden Sitzungen des Rats der Außenminister noch eine wesentliche Funktion erfüllte, blieb die Lage in Deutschland ein zentrales Problem. Auf der Sitzung der Außenminister in Paris im April und Mai 1946 zeigte sich deutlich, daß die Russen nach der Rede Churchills in Fulton davon überzeugt waren, daß eine amerikanisch-britische Koalition entstanden sei, die bei allen anstehenden Fragen eine geschlossene Front gegenüber der UdSSR bilden würde. Während der Zusammenkunft in Paris faßte Molotow die sowjetische Haltung vor der westlichen Presse zusammen: Mr. Byrnes habe sich geirrt, wenn er glaubte, Stalin habe dem Vertragsentwurf des amerikanischen Außenministers für Deutschland im vergangenen Dezember zugestimmt, führte Molotow aus. Bisher sei es nur zu einem kurzen Meinungsaustausch gekommen, und da Byrnes noch keinen Vertragsentwurf vorgelegt habe, sei es Stalin gar nicht möglich gewesen, seine Zustimmung zu geben. Aber, so fuhr Molotow fort, das Problem läge darin, daß der später von Byrnes vorgelegte Vertragsentwurf die wichtigen Entscheidungen nicht berücksichtigt habe, die die Alliierten im Hinblick auf Deutschland getroffen hätten. Das könnte »zu einer Lockerung der interalliierten Kontrolle führen, deren Ziel es ist, eine Wiederholung der deutschen Aggression zu verhindern.«[28] Vieles von dem, was der amerikanische Außenminister vorgeschlagen habe, so meinte Molotow, sei ohnedies recht akademisch gewesen, denn ein solcher Vertrag könnte nur nach Abschluß eines Friedensvertrags mit Deutschland in Kraft treten; und da es in diesem Lande noch nicht einmal den Ansatz zu einer eigenen Regierung gäbe, läge alles andere im Augenblick noch in weiter Zukunft. Deshalb habe Molotow einen praktischeren Vorschlag zu machen (den die sowjetische Delegation schon in Paris auf den Tisch gelegt hatte), nämlich eine Einrichtung zu schaffen, deren Aufgabe es sein sollte, »die Besatzungszonen in Deutschland zu inspizieren, um festzustellen, wie die Entwaffnung der deutschen Streitkräfte in dem Jahr nach der deutschen Kapitulation praktisch vorgenommen worden ist«.[29] Der Sinn des sowjetischen Manövers war es natürlich, dem Vertragsvorschlag von Byrnes auszuweichen und die Initiative auszunutzen, um die Aufmerksamkeit der westlichen Führer wieder auf die im vergangenen November gegen die Briten vorgebrachten Beschwerden zu lenken. Das russische Vorgehen zeigte ganz deutlich, daß die Sowjets noch immer nicht davon überzeugt waren, die Briten hätten bei der Entwaffnung der deutschen Streitkräfte in ihrer Zone irgendwelche Fortschritte gemacht.

Politische Beobachter im Westen erkannten durchaus die ernsten Hintergründe der sowjetischen Vorwürfe. Der eben aus Europa zurückgekehrte Walter Lippmann schrieb im Mai 1946 zwei ausführliche Artikel zu diesem Thema, in denen die Sorgen vieler seiner Kollegen deutlich zum Ausdruck kamen.[30] Lippmann deutete an, er habe auf seiner Reise durch Europa mit einer Reihe verantwortlicher Persönlichkeiten sprechen können, und begann seinen Bericht mit einer sehr deprimierenden und erregenden Feststellung: »Die wichtigste Schlußfolgerung, von der ich berichten muß, ist, dessen bin ich sicher, unbestreitbar: Alle europäischen Regierungen, alle Parteien und alle führenden Persönlichkeiten verhalten sich so, als stünde ein neuer Weltkrieg bevor.«[31] Der hochgeachtete Publizist und Kommentator wies besonders auf die Tatsache hin, daß der Krieg gegen Deutschland zwar schon vor einem Jahr zuendegegangen sei, man aber auf dem Wege zu einer echten Friedenskonferenz noch keinen Fortschritt feststellen könne. Lippmann schrieb, die Alliierten hätten versprochen, später in Paris eine Friedenskonferenz abzuhalten, aber da die verantwortlichen Staatsmänner das Hauptproblem bei einem Frieden mit Deutschland seit Kriegsende noch nicht hätten lösen können, müsse er jetzt vor einem ungerechtfertigten Optimismus warnen: »Wenn wir verstehen, weshalb sich diese sogenannte Friedenskonferenz nicht mit Deutschland beschäftigt, dann werden wir dem Kern der Sache nähergekommen sein.«[32]

Er stellte die Sache so dar, daß jetzt, da die siegreichen Alliierten an die Stelle der Macht Deutschlands ihre eigene gesetzt hatten, das Tauziehen um das endgültige Schicksal des ehemaligen Feindstaates begonnen habe; doch das sei nur

die Manifestation eines viel älteren Streits zwischen Churchill und Stalin, der im Krieg begonnen habe, als der sowjetische Diktator erkannte, daß Churchill den Ablauf des Krieges nicht nur so beeinflussen wollte, daß Deutschland unterlag, sondern vor allem danach strebte, die Vorherrschaft der Westmächte in Mittel- und Westeuropa sicherzustellen: »Bei dieser Kontroverse ging es letzten Endes um politische Fragen, und zwar darum, ob Briten und Amerikaner bei Kriegsende im Besitz von Wien, Budapest und des Balkans sein würden, auch wenn das eine Verlängerung des Krieges bedeutete. Wie wir wissen, wurde die Frage mit einer Art Kompromiß von Präsident Roosevelt und unserem Generalstab gegen Mr. Churchill entschieden.«[33]
Lippmann war davon überzeugt, daß sich die Gegensätze zwischen Großbritannien und Rußland vertiefen würden und nicht ausgeglichen werden könnten. Das sei ein öffentliches Geheimnis und die Hauptursache der gegenwärtigen Spannungen, die der Journalist in den europäischen Hauptstädten festgestellt habe, denn, so schloß er, jeder einzelne Staatsmann »wird sich ständig daran zu erinnern haben. . ., daß er so handeln muß, als werde es zum Krieg zwischen Großbritannien und der Sowjetunion kommen, in den auch alle anderen Nationen verwickelt werden.«[34]
In seinem zweiten Artikel mit der Überschrift »Das deutsche Drama« teilte der amerikanische Kolumnist seinen Lesern mit, der Vertragsentwurf von Mr. Byrnes für Europa sei allgemein und nicht nur von den Sowjets abgelehnt worden, weil sich der amerikanische Außenminister ein falsches Bild von der Lage in Deutschland gemacht habe. Lippmann schrieb: »Denn der Vorschlag, der 1944 positiv aufgenommen worden wäre, basiert auf einem radikalen Mißverständnis dessen, was in Deutschland geschieht. Er berücksichtigt nicht die Entwicklung der sowjetischen und britischen Politik, sondern geht völlig daran vorbei.«[35]
Byrnes ignorierte offensichtlich bewußt, daß sowohl die

Briten als auch die Sowjets bemüht waren, im Falle eines Krieges deutsche Mannschaften und deutsches Material zur Verfügung zu haben. Die offizielle amerikanische Haltung, die sich in den Bemühungen des Außenministers ausdrückte, bestand immer noch in der grundlegenden Annahme, daß sich alle Verbündeten weiterhin bemühten, Deutschland zu entwaffnen. In Wirklichkeit gingen beide Alliierten der Vereinigten Staaten aber längst davon aus, daß ein weiterer Konflikt nahezu unvermeidbar und das deutsche Kriegspotential bei jeder Auseinandersetzung nützlich sein würde. In jedem Falle, so schien es, würde der nächste Krieg in Deutschland ausbrechen. Lippmann sagte es so: »Obwohl sie schwer angeschlagen sind, bilden die Deutschen immer noch das stärkste Volk in Europa: gegenwärtig findet zwischen London und Moskau ein Kampf um die Herrschaft über die deutsche Bevölkerung und das große deutsche militärische Potential statt.«[36]

Lippmann meinte, daß die Vereinigten Staaten in all diesen Fragen relativ schlecht informiert schienen, hätte zum Teil geographische Ursachen. Bei der Teilung Deutschlands hätten die Briten und Russen die Gebiete erhalten, die historisch und industriell die wichtigsten seien. Die Amerikaner und Franzosen teilten sich dagegen in das weniger wichtige Süddeutschland.[37] So hätten sich die Amerikaner nicht unmittelbar mit den Problemen oder Elementen zu beschäftigen, die für die Russen und Briten entscheidend seien: die Seehäfen, die Industrie, die Bevölkerungszahl, die Banken, die Kartelle, die Gewerkschaften, die Kommunikationssysteme, die zentralisierte Bürokratie, die militärische Tradition, den politischen Apparat und die ehemalige deutsche Hauptstadt Berlin.[38] Lippmann fuhr fort: »Schließlich gibt es noch eine deutsche Armee, eine starke und tüchtige Armee, die vor den Briten kapituliert hat. Die Geschichte dieser Kapitulation wird noch im einzelnen dargestellt werden müssen. Die Geschichte dessen, was mit der deutschen Armee nach der Kapitulation geschah, ist noch hinter einem seidenen Vorhang verborgen. Man weiß jedoch genug, um sagen zu können, daß das Offizierskorps dieser Armee ungewöhnlich nachsichtig behandelt worden ist, und zwar mit einer so höflichen Zuvorkommenheit, daß diese Offiziere mit Recht den Eindruck haben konnten, ihre Laufbahn als Berufssoldaten sei nicht unbedingt und endgültig abgeschlossen.«[39]

Lippmann charakterisierte die britische und die sowjetische Außenpolitik als eine einfache Umkehrung der vor dem Kriege geltenden Vorstellung, daß jede der beiden Mächte Deutschland gegen die andere benutzen könnte. Doch das ließe sich nicht leicht erkennen, denn selbst die amerikanische Führung sei, was die Richtung dieser Entwicklungen beträfe, verwirrt, weil das englisch-sowjetische Duell, wie Lippmann diese Gegensätze wiederholt bezeichnete, zum großen Teil vor den Augen der Öffentlichkeit verborgen bliebe. Briten und Russen stimmten auch weiterhin mit den Vereinigten Staaten dem im Kriege gefaßten Beschluß zu, die Deutschen zu bestrafen, und wiederholten immer wieder die Verpflichtung, Deutschland zu entmilitarisieren. Aber in der Praxis verfolgten beide Nationen auf unterer Ebene eine diesen Grundsätzen widersprechende Politik, denn hier bemühten sich beide darum, die Sympathie und Unterstützung politischer und militärischer Kreise in Deutschland für sich zu gewinnen. In dieser Lage dürften, wie Lippmann warnte, auch die Deutschen selbst nicht vergessen werden, die sehr schnell die Möglichkeiten erkannt hätten, die sich ihnen in dieser sonst so traurigen Lage böten. Das politische Umerziehungsprogramm nähmen sie nicht allzu ernst und suchten im übrigen die Rivalitäten zwischen den beiden Besatzungsmächten zu ihren Gunsten zu nutzen.[40]

Da die Feststellungen Lippmanns in weiten Kreisen beachtet wurden, erschienen die ersten Kommentare schon nach

wenigen Stunden. Am Tage der Veröffentlichung des zweiten Artikels wurde Präsident Truman von Reportern gefragt, ob er zur Analyse Lippmanns etwas sagen wollte. Der amerikanische Präsident nahm die Sache auf die leichte Schulter, und seine Antworten klangen etwas zynisch; denn er meinte, im Rückblick ließen sich solche Fragen immer leichter beurteilen. Er weigerte sich jedoch, eine konkrete Antwort zu geben, und behauptete, da er nicht aus erster Hand über die Feststellungen Lippmanns in Europa unterrichtet sei, könne er dazu nicht Stellung nehmen. Interessanterweise weigerte sich der Präsident auch, auf der gleichen Pressekonferenz etwas über das Scheitern der Pariser Konferenz zu sagen, und erwähnte mit keinem Wort, daß die Sitzung abgebrochen worden war, weil man den Vorschlag von Byrnes abgelehnt hatte.[41]
In England reagierte man sehr heftig auf das von Lippmann vorgelegte Material. Das Außenministerium gab zwar zu, daß immer noch 120000 deutsche Kriegsgefangene in militärischen Verbänden zusammengefaßt seien, um Minen zu räumen und andere Spezialaufgaben zu übernehmen, erklärte aber alles andere, was Lippmann geschrieben hatte, für Unsinn. Die Erklärung des Außenministeriums wies darauf hin, daß der amerikanische Korrespondent weder Großbritannien noch die britische Besatzungszone in Deutschland besucht habe. Als besonders ärgerlich wurde es empfunden, daß er von einem »seidenen Vorhang« gesprochen hatte, der über den britischen Aktivitäten in ihrer Zone läge. Es hätten doch, so hieß es in der Presseerklärung, Journalisten, und zwar auch russische, freien Zugang zu diesen Gebieten.[42]
Bald nach dem Erscheinen der Artikel von Lippmann vermittelte ein anderer Journalist nach einem Besuch der britischen Besatzungszone ein ganz anderes Bild von den dortigen Verhältnissen. Dieser Journalist, ein Mr. Hill, erklärte, bei seiner Reise durch die britische Zone habe er keine

»Geisterarmee« dort feststellen können. Er sagte jedoch, »erst als ich dieses Gebiet bereiste [im Juni 1946], haben die Briten unter dem Druck des zweiten russischen Protests [in Paris] und der Artikel von Lippmann von den deutschen Offizieren verlangt, daß sie ihre Rangabzeichen ablegen, sich nicht mehr mit ihren militärischen Dienstgraden anreden und auf das militärische Grüßen verzichten«.[43]
Überzeugt davon, daß es Zeit war, auf höherer Ebene etwas zu unternehmen, legte die sowjetische Delegation im Rat der Außenminister im Juli einen Vorschlag vor, der die sofortige Errichtung einer Sonderkommission empfahl, die dafür sorgen sollte, daß der alliierte Beschluß, Deutschland zu entwaffnen, in die Tat umgesetzt wurde, um damit die bestehende Kontroverse über die Frage der Unterhaltung paramilitärischer Verbände ein für allemal aus dem Wege zu räumen. Alle Feststellungen dieser Kommission sollten so rasch wie möglich dem Alliierten Kontrollrat vorgelegt werden.[44]
Der sowjetische Vorschlag wurde natürlich nicht angenommen, und es wurden auch keine entsprechenden Maßnahmen ergriffen. Auf der gleichen Sitzung lehnte Molotow seinerseits den Vertragsentwurf von Byrnes endgültig ab und erklärte, eine Laufzeit von fünfundzwanzig Jahren sei völlig unzureichend. Die Kontrolle der deutschen Abrüstung müsse wenigstens vierzig Jahre dauern.[45]
Der Bericht des britischen Außenministers Ernest Bevin über die Sitzung in Paris war ebenfalls aufschlußreich, denn er erwähnte darin kaum die russischen Beschwerden aus den vergangenen Monaten über die deutschen Streitkräfte in der britischen Zone. Dagegen brachte Bevin, nachdem er den Vertragsvorschlag von Byrnes als eine echte Basis für den künftigen Frieden in Europa bezeichnet hatte, seine große Enttäuschung über das Verhalten der Russen zum Ausdruck. Mit sehr allgemein gehaltenen Argumenten erklärte der britische Außenminister, die sowjetische Unzu-

friedenheit mit dem gegenwärtigen Stand der Entwaffnung der deutschen Streitkräfte sei kein ausreichender Grund für die Ablehnung des Vertragsentwurfs von Byrnes. Bevin stimmte dem Vorschlag zur Errichtung eines Viermächteausschusses zu, der sofort eine Inspektionsreise durch »alle Zonen und nicht nur eine unternehmen sollte, um genau zu sehen, was dort geschieht.«[46]

Bevin forderte die Sowjetunion auf, diese Gelegenheit nicht verstreichen zu lassen, ein zweites Mal werde man dieses Angebot nicht machen. Im gleichen Atemzug lobte er die Vereinigten Staaten dafür, eine führende Rolle übernommen zu haben, und drängte dazu, sich bei weiteren Bemühungen nicht durch das sowjetische Mißtrauen entmutigen zu lassen. Am Schluß seiner Ausführungen über die Sitzung des Rats der Außenminister in Paris erklärte Bevin mit Nachdruck, eine Inspektion der britischen Besatzungszone allein auf eine sowjetische Beschwerde hin werde es nicht geben: »Wir können uns nicht damit einverstanden erklären, daß die sowjetische Zone Vorrechte genießt, während wir unsere Zone für eine Inspektion öffnen und Beschuldigungen gegen uns erhoben werden, für die es nicht die geringste Rechtfertigung gibt.«[47]

Die Reaktion Bevins auf den Vorschlag von Byrnes ließ viel zu wünschen übrig. Bevin kam es offenbar darauf an, vor allem deutlich zu machen, daß Großbritannien die Vereinigten Staaten rückhaltlos unterstützte und sich dafür einsetzte, daß die Amerikaner die volle Verantwortung für die Führung des westlichen Lagers übernahmen. Zugleich zeigte sich ganz deutlich die Absicht, die sowjetischen Proteste gegen die Vorgänge in der britischen Besatzungszone zu ignorieren und den Spieß umzudrehen, indem man behauptete, hinsichtlich der Entmilitarisierung gäbe es vielleicht auch Vorgänge in der Sowjetzone, die untersucht werden müßten. Da Bevin genau wußte, daß man sich über die Einsetzung eines Untersuchungsausschusses niemals einigen würde, schlug er vor, einen solchen Ausschuß zu schaffen. Angesichts dessen, was im Rahmen des Kontrollrats bisher mit diesem Vorschlag geschehen war, muß man den Vorschlag Bevins als eine hohle Phrase ansehen, die um nichts besser war als die so oft von den Russen angewendete Taktik.

Als Reaktion auf ein zweites Außenministertreffen Anfang Juli 1946 begründete Molotow sein Verlangen, die Entmilitarisierung Deutschlands vierzig Jahre lang zu überwachen, mit dem Hinweis, daß nur zwanzig Jahre zwischen beiden Weltkriegen vergangen seien und man beim ersten Mal so schlechte Erfahrungen mit der deutschen Abrüstung gemacht habe.[48]

Molotow erklärte, jeder, der sich die Mühe machte, den Vertragsentwurf von Byrnes genau zu studieren, müsse erkennen, daß die für Deutschland vorgeschlagenen Restriktionen nicht streng genug seien, um künftige Aggressionen auszuschließen. Damit, so fuhr er fort, ergäbe sich die Frage, wie sich die Großmächte über einen befriedigenden Vertrag einigen könnten. Er stellte fest, daß man zu den Prinzipien zurückkehren müsse, die während des Krieges gegen Deutschland gemeinsam aufgestellt worden waren. Molotow erklärte, jedermann wisse, daß diese im Kriege getroffenen Vereinbarungen alle notwendigen Voraussetzungen für eine ausreichende Entwaffnung Deutschlands enthielten. Die hier geforderten Maßnahmen seien nicht durchgeführt worden. Insbesondere sei man enttäuscht über die negative Reaktion auf den sowjetischen Vorschlag, die Verletzung dieser im Kriege [auf den Konferenzen in Jalta und Potsdam] getroffenen Vereinbarungen zur Entwaffnung der Deutschen durch eine Kommission untersuchen zu lassen.[49]

Wenn der amerikanische Außenminister die Lage bisher nicht durchschaut und nicht den erwarteten diplomatischen Triumph erlebt hatte, dann hätte ihm die Erklärung Molotows einiges klarmachen müssen. Hier ging es nicht darum, ob die sowjetischen Behauptungen richtig oder falsch waren, sondern um die offensichtliche Entschlossenheit der Briten, ihre eigene Deutschlandpolitik zu verfolgen und sich dafür die Unterstützung der Amerikaner zu sichern. Dem Bericht Lippmanns mangelte es nicht an Substanz.

Wir wissen nicht, ob Byrnes die Artikel Lippmanns oder die Erklärungen Molotows ernstgenommen hat. Die sowjetischen Beschwerden darüber, daß die Briten in ihrer Zone eine deutsche Armee unterhielten, kannte er aber genau. Die britischen Gegenvorwürfe, die Russen fabrizierten in ihrer Besatzungszone Kriegsmaterial, beeindruckten ihn offenbar stärker. Der Außenminister meinte, als die Westmächte eine gründliche Untersuchung aller Vorwürfe verlangten, habe Molotow zwar zugestimmt (im April 1946), seine Vertreter auf unterer Ebene hätten jedoch alle Maßnahmen blockiert. Byrnes behauptete, als er später versucht habe, reinen Tisch zu machen, habe Molotow gesagt, dies habe jetzt keinen Sinn mehr, denn zunächst müsse eine Politik für die allgemeine Entwaffnung Deutschlands entwikkelt werden.[50]

Es gibt nur wenige Hinweise darauf, daß sich irgendjemand darüber Sorgen gemacht hätte, daß ein echter Gedankenaustausch nicht mehr möglich war, und daß die Zusammenarbeit zwischen den Westmächten und Rußland immer schwieriger wurde. Ein solches Anzeichen war jedoch ein Artikel, der im Dezember 1945 in *The Economist* erschien.[51] Er behandelte den Zerfall der Beziehungen zwischen dem Westen und der Sowjetunion. Der Verfasser wies darauf hin, daß in der Zeit vom Juni 1941, als Deutschland die Sowjetunion überfallen hatte, bis zur Konferenz von Potsdam zwischen den drei großen Verbündeten ein Klima der Zusammenarbeit bestanden hatte, das durch den Gegensatz zu Deutschland bestimmt wurde. Jetzt, so hieß es, »bricht dieses System zusammen«.[52] Es gäbe nicht mehr die

»großen Drei«, sondern jetzt stünden Zwei gegen Einen. In Großbritannien war nach dem Krieg relativ rasch demobilisiert worden. Schon 1946 machte den Briten die Verteidigung und Verwaltung ihrer Besatzungszone erhebliche Sorgen. Die Beendigung der Kampfhandlungen hatte zum Abbau der britischen Verbände geführt, aber wegen der sowjetischen Bedrohung benötigte man immer noch starke militärische Kräfte, und der Mannschaftsbedarf des britischen Heeres ließ sich nicht durch Freiwillige decken. Die Auswirkungen dieser Lage waren in der von den Briten besetzten Zone Deutschlands deutlich zu spüren.[53] Die britische Rheinarmee verwendete nicht nur deutsche Arbeitskräfte für militärische Aufgaben, sondern begann auch, vertriebene Personen in ihrer Zone für solche Einsätze zu verpflichten.

Eine damals geschaffene Einrichtung hieß »ziviler gemischter Wachdienst«. Dazu gehörten zunächst nur hundert Mann, aber in der Zeit von 1946 bis 1947 wurden 10000 Mann für diese Dienste angeworben. Sehr bald erhielt der Befehlshaber der Besatzungsstreitkräfte die Erlaubnis, 45200 Deutsche für ähnliche Aufgaben anzuwerben. Unter der Bezeichnung »German Service Organization« oder G.S.O. wurden diese Verbände auf drei Jahre verpflichtet und begannen ihre Ausbildung an Infanteriegewehren und leichten Maschinengewehren.[54]

In einem Zeitungsartikel vom 4. Juni 1946 wurde die Aufstellung einer Fremdenlegion für Polizeiaufgaben in der britischen Zone gemeldet.[55] Die Armee dementierte diese Meldung und erklärte, die Verwendung einer geringen Anzahl von *Displaced Persons* für Wachaufgaben käme nicht der Aufstellung einer »Fremdenlegion« gleich. Die Regierung hatte jedoch schon im August begonnen, einen Plan für die Einstellung von etwa tausend Jugoslawen, Polen und Balten für den zivilen Wachdienst zu entwerfen, was in der Öffentlichkeit jedoch nicht bekannt wurde. Später, im Oktober des gleichen Jahres, entwarf man einen detaillierten Plan, nach dem jeder Mann für die Dauer von drei Jahren eingezogen werden und eine Uniform sowie ein Gewehr (mit fünfzig Schuß Munition) bekommen sollte. Zunächst sollte dieser Verband bis Mitte Oktober auf eine Gesamtstärke von 6000 Mann gebracht werden. In den Akten des Kriegsministeriums findet sich die Feststellung, daß viele dieser Leute in Deutschland Kriegsgefangene gewesen waren und fürchteten, wenn sie in ihre Heimat entlassen würden, dort als Kollaborateure angeklagt zu werden. Eine Zeitlang überlegte man, ob man auch Deutsche für diese Dienste verpflichten sollte, verzichtete aber zunächst darauf.[56]

Indessen protestierten Jugoslawien und Rußland gegen die Verwendung von Vertriebenen aus Jugoslawien in britischen Diensten. Das war den britischen Behörden so unangenehm, daß sie erwogen, anstelle der Jugoslawen Tschechen einzustellen.[57] Die Russen protestierten dagegen, daß Großbritannien Heimatlose dazu ermutigt habe, in den Lagern aktiv gegen die Sowjetunion zu arbeiten und sich vermutlich auch an der Werbung für diese Rekrutierungen beteiligt zu haben.[58]

Es ist bezeichnend, daß die Sowjets vom Jahre 1947 an bei ihren Beschwerden über Verletzungen der Vereinbarungen über die Entmilitarisierung Deutschlands die Vereinigten Staaten ebenso heftig wie Großbritannien angriffen. Auf einer Sitzung des Rats der Außenminister im März 1947, die sich immer noch mit der Entwaffnung der Deutschen abmühte, behauptete Molotow, die Westalliierten hätten sich anscheinend entschlossen, die Direktiven des Alliierten Kontrollrats zu mißachten, nach denen die ehemaligen deutschen Streitkräfte zu entwaffnen und aufzulösen seien. Es »bleiben im Verfügungsbereich des englischen und des amerikanischen Befehlshabers der Besatzungstruppen nach wie vor deutsche Truppenteile und -dienste unaufgelöst, die früher zum Landheer, zur Luftwaffe und zur Kriegsmarine Deutschlands gehörten«, stellte Molotow fest. »Diese sogenannten ›Hilfsdienste‹ behalten ihre militärische Organisation bei und werden von deutschen Offizieren befehligt, die disziplinarische Rechte haben, was zur Erhaltung der deutschen Wehrmachtkader beiträgt.«[59] Dabei zitierte Molotow von ihm so bezeichnete »offizielle Berichte« und behauptete, im Januar 1947 unterhielten die Briten einen deutschen Truppenverband mit 81358 Mann, und die Amerikaner verfügten über 9000 Mann.[60]

Im Sommer 1947 wurde gemeldet, die britischen Behörden hätten die letzten Reste der unmittelbar nach Kriegsende noch bestehenden deutschen militärischen Formationen aufgelöst und fingen mit der Aufstellung eines Freiwilligenverbands an, der als deutsche zivile Arbeitsdienstorganisation bezeichnet würde. Zu ihm gehörten viele aus dem Ostteil Deutschlands stammende Personen. Diese Organisation sei sehr bald auf mehr als 70000 Mann angewachsen.[61]

Alle diese Ereignisse sind um so interessanter, als im Dezember 1946 nach einer in New York unterzeichneten Vereinbarung die britische und amerikanische Besatzungszone vereinigt worden waren. Der Hauptgrund für diese Maßnahme, in der sich die schwierige wirtschaftliche Lage Großbritanniens spiegelte, war das Bestreben, die Finanzlage in Deutschland zu verbessern. Das bedeutete die Errichtung einer Bizonen-Verwaltung und die Übertragung wichtiger Regierungsvollmachten an die Deutschen auf unterer Ebene. Dazu war es ein deutliches Anzeichen dafür, daß keine Möglicheit bestand, zu einer Vereinbarung aller vier Besatzungsmächte zu kommen. Das war schon durch die ausweglose Situation unterstrichen worden, die sich auf der Außenministerkonferenz in Moskau gezeigt hatte.[62] Man darf auch sagen, diese Maßnahme habe deutlich erkennen lassen, daß Briten und Amerikaner jetzt die gleichen Vorstellungen von der Zukunft Deutschlands entwikkelt hatten. Es mußte deshalb um so überraschender anmuten, daß die Vereinigten Staaten verhältnismäßig wenig über die Vorgänge in der britischen Besatzungszone wußten. Zum Teil läßt sich das zweifellos damit erklären, daß die Vereinigten Staaten in der sich zunehmend abkühlenden Atmosphäre des Kalten Krieges ihre Interessen stärker mit denen Großbritanniens verbanden und in diesem Ringen in der Tat die Führung übernahmen.

Es ist interessant, festzustellen, daß Mitte 1947 bei allen internationalen Debatten über die Entwaffnung Deutschlands kaum noch von den deutschen Kriegsgefangenen in alliiertem Gewahrsam gesprochen wurde. Da alle Beteiligten einschließlich der Sowjetunion deutsche Kriegsgefangene in großer Zahl für ihre Zwecke verwendet hatten und das auch weiter taten, gab es augenscheinlich ein stillschweigendes Übereinkommen, diese Frage auszuklammern. Von Zeit zu Zeit griffen jedoch die Zeitungen Vorfälle aus diesem Bereich auf. Ein solcher Artikel erschien im Juli 1947 im *Manchester Guardian.* Der Verfasser drängte darauf, die noch in alliierten Händen befindlichen deutschen Kriegsgefangenen möglichst bald zu entlassen, und nannte die jeweilige Anzahl der noch in den einzelnen Ländern als Kriegsgefangene festgehaltenen Deutschen: Sowjetunion 890000; Frankreich 600000; Großbritannien 280000; der Mittlere Osten 80000; Jugoslawien 70000; Belgien 40000; Polen 30000; Holland 10000; die Tschechoslowakei 8000 und Luxemburg 4000. Das waren zusammen 2012000 Mann.[63] Der *Guardian* äußerte starke Zweifel daran, daß die »offiziellen Angaben« die wirkliche Anzahl der noch in der Sowjetunion festgehaltenen Deutschen nannten, und deutete an, es müßten mindestens doppelt so viele sein. Großbritannien wurde der Vorwurf gemacht, nicht dem amerikanischen Beispiel gefolgt zu sein und alle Kriegsgefangenen möglichst rasch entlassen zu haben. Im

Rahmen des damals laufenden Entlassungsprogramms kehrten monatlich nur 15000 Deutsche in das Zivilleben zurück. Damit würde die Entlassung aller Kriegsgefangenen noch ein weiteres volles Jahr in Anspruch nehmen. Am Schluß des Artikels hieß es: »Indessen müssen sich die deutschen Gefangenen einzeln und unter ungünstigen Voraussetzungen in das Zivilleben einfügen, wobei diejenigen, die aus Frankreich und Großbritannien kommen, erhebliche Ressentiments mitbringen, während die aus russischer Kriegsgefangenschaft Entlassenen gesundheitlich und seelisch zerbrochen sind.«[64] Vielleicht hat die Tatsache, daß die deutschen Kriegsgefangenen in verschiedenen Ländern festgehalten wurden und nicht in Deutschland, dazu beigetragen, daß sich kaum jemand um ihr Schicksal kümmerte.

Obwohl ein Ausschuß des Unterhauses im Oktober 1947 berichtete, daß die »Entwaffnung [Deutschlands] praktisch abgeschlossen ist«,[65] kritisierte das sowjetische Mitglied des Alliierten Kontrollrats, Marschall Sokolowski, die Methoden der Westmächte scharf. Unmittelbar vor seiner Abreise zu einer Sitzung des Rats der Außenminister in London erklärte er, die Westalliierten und besonders Großbritannien hätten die Deutschen nicht wirklich entwaffnet. In einem Interview der *Täglichen Rundschau* (Zeitung der sowjetischen Militärregierung) behauptete Sokolowski, daß »Reste deutscher militärischer Verbände in der britischen Zone, getarnt als sogenannte Arbeitskorps, weiterbestehen«, und fügte hinzu, daß die Briten die Anlagen der Kriegsmarine in Kiel intakt gelassen hätten.[66]

Die Erklärung Sokolowskis war zu wichtig, als daß man sie hätte ignorieren dürfen, und als die Presse Berichte über die Konferenz des Rats der Außenminister brachte, erwähnte sie auch seine Ausführungen. Die *Times* gab am 24. November einen Lagebericht und sprach die Vermutung aus, daß die Vorwürfe des Marschalls nicht offiziell beantwortet

werden würden.[67] Die Zeitung wiederholte den Kern der Erklärung Sokolowskis vor dem Kontrollrat in Berlin und meinte dazu, die Russen hätten schon seit Monaten ähnliche Beschwerden vorgebracht, gab jedoch zu, daß diese Erklärung sich insofern von den anderen unterschiede, als sie vor der Ratssitzung und unmittelbar nach der Rückkehr des Marschalls aus Moskau abgegeben worden sei.[68]
Die *Times* meinte, die Stellungnahme Sokolowskis werde wahrscheinlich ignoriert werden. Der amerikanische General Clay habe bereits zum Ausdruck gebracht, daß er aus dieser Angelegenheit keine große Affäre machen wolle, und die Erklärung des Marschalls als Ausdruck eines »Mißverständnisses« bezeichnet. Bevor man Sokolowski Vorwürfe machen könnte, müsse man versuchen, eine Erklärung von ihm zu bekommen, meinte Clay.[69]
Die *Times* war demgegenüber der Ansicht, man dürfe die Sache nicht so leicht ad acta legen, wie Clay zu glauben schiene. Die Deutschen in der sowjetischen Besatzungszone und in den Westzonen beobachteten die Entwicklung der Lage sehr aufmerksam und rechneten damit, daß die Verhandlungen in London keine Ergebnisse bringen würden. Die *Times* ging näher auf die Erklärung Sokolowskis in Berlin ein und berichtete, der Marschall habe den Briten vorgeworfen, während der vergangenen sechs Monate bei der Entwaffnung der Deutschen praktisch nicht weitergekommen zu sein »und zu versuchen, die deutschen Flottenbasen vor der Entmilitarisierung zu bewahren«.[70]
In dieser Atmosphäre ständiger gegenseitiger Beschuldigungen verschwand jedes Bedürfnis, zu einer Zusammenarbeit zurückzukehren, wie sie früher möglich gewesen war, und der Kalte Krieg verschärfte sich. Im März 1948 beschleunigte sich diese Entwicklung, als Sokolowski den Alliierten Kontrollrat verließ, den Weg für die Blockade Berlins bereitete und die Westalliierten in Brüssel ein Militärbündnis schlossen. Großbritannien, Frankreich,

Belgien, die Niederlande und Luxemburg einigten sich über eine Kommandostruktur unter Feldmarschall Montgomery und gingen daran, eine gemeinsame Streitmacht zu schaffen, die die Bündnispartner vor einem sowjetischen Angriff schützen sollte. Zum erstenmal in der Geschichte Großbritanniens wurde hier im Frieden ein Militärbündnis mit Kontinentalmächten geschlossen.[71]

Niemand gab sich jetzt noch der Illusion hin, daß die im Kriege gehegten Vorstellungen irgendwie verwirklicht werden könnten, und selbst die größten Optimisten mußten zugeben, daß die Zusammenarbeit zwischen den Westmächten und der Sowjetunion bald nicht mehr möglich sein werde. Die künftige Stellung Deutschlands war zu einer noch entscheidenderen Frage geworden, und man erkannte deutlich, daß die Besatzungsmächte eine »Neuorientierung« vornehmen mußten. In einem Bericht über den Brüsseler Pakt stellte die *Times* Überlegungen zu der Frage an, ob die Westalliierten erkannt hätten, welche Rolle Westdeutschland bei der Verteidigung Europas spielen könnte, während die *Prawda* erwiderte, der Vertrag sei ein unverhohlen aggressiver Schritt.[72] Die Sowjets beschränkten sich nicht auf Worte; denn sie hatten den Zugang nach Berlin von Westen her erschwert, und im Juni 1948 begann die Blockade der Stadt.

In einer Rede vor dem Unterhaus beleuchtete Außenminister Bevin einige dieser Ereignisse. Er erinnerte seine Zuhörer daran, daß britische Truppen noch vor wenigen Jahren in östlicher Richtung nach Wismar an der Ostsee marschiert waren, das dort von ihnen besetzte Gebiet jedoch in Übereinstimmung mit vorher getroffenen Vereinbarungen den Russen überlassen hätten. Churchill, der noch als Vertreter seines Wahlkreises Woodford im Parlament saß, erinnerte den Außenminister seinerseits daran, daß britische Truppen sich bis zu 240 Kilometer weit »zurückgezogen« hätten, um den Russen einen Gefallen zu tun.[73]

Ärgerlich zählte Bevin alle Vereinbarungen mit den Russen über den Zugang nach Berlin auf und fragte, wie es möglich sei, daß sie sich jetzt so verhielten. Es gäbe nicht nur schriftliche und mündliche Sondervereinbarungen über diesen Zugang, sondern der Westen habe sich auch verpflichtet, mehr als die Hälfte der Stadt Berlin mit Kohlen, Lebensmitteln und anderen Verbrauchsgütern zu versorgen. Wie sollte das nun geschehen? Das Potsdamer Abkommen gründete sich auf die Voraussetzung, daß die wirtschaftliche und politische Einheit Deutschlands herbeigeführt werden sollte, fuhr Bevin fort, und jetzt ließe sich deutlich erkennen, daß die Sowjets diesen Grundsatz nicht anerkennen wollten.[74]
Der britische Außenminister stellte Vermutungen über die sowjetischen Motive an und weigerte sich, die von den Russen vorgebrachten technischen Gründe anzuerkennen. Abschließend meinte Bevin, die Absicht der Sowjets sei es, das westliche Lager ins Chaos zu stürzen, und erklärte: »Die Regierung Seiner Majestät kann sich dem nicht beugen ... Wir können diese unerschrockenen Berliner Demokraten nicht im Stich lassen, die sich dem sowjetischen Druck nicht beugen wollen.«[75] Wenig später verkündeten die Sowjets ihren Auszug aus der Berliner *Kommandantura*. Welch unglaublicher Wandel hatte sich in drei kurzen Jahren vollzogen!
In sechsunddreißig Monaten hatten sich die ehemaligen Verbündeten an den Rand eines Krieges manövriert, aber diesmal gegeneinander. Kein noch so ruhiges Gespräch konnte darüber hinwegtäuschen, daß eine explosive Lage entstanden war, in der ein abgeschossenes Flugzeug oder eine voreilig abgefeuerte Granate den Krieg auslösen konnten. In dieser immer gefährlicher werdenden Krise bekam die Vorstellung, es könnte – in Ost oder West – eine neue deutsche Armee geschaffen werden, plötzlich einen Sinn. Ein amerikanischer General schreibt über diese spannungsreiche Zeit: »Nur drei Jahre nach der deutschen Niederlage

begannen wir, das Deutschland auferstehen zu lassen, das zu vernichten wir uns verpflichtet hatten. Wir brauchten dieses Deutschland als Partner bei der Verteidigung Europas gegen unseren ehemaligen Verbündeten, die Sowjetunion.«[76]

Im Sommer 1948 bedurfte es keiner tiefen Einsichten oder besonderer Kenntnisse mehr, um zu sehen, in welche Richtung die Beziehungen zwischen den Westmächten und der Sowjetunion sich entwickelten. Deutsche Zeitungen sagten die Wiederbewaffnung Westdeutschlands bereits mit Sicherheit voraus, und in den Nachrichtenspalten anderer europäischer Blätter sprach man vom Beginn einer neuen Periode für Deutschland.[77] Die Reaktion der deutschen Presse auf die Aussicht, sich an den Verteidigungsanstrengungen des Westens zu beteiligen, war jedoch unterschiedlich. Es war klar, daß Gefahr drohte, aber die vergangenen drei Jahre hatten auch Enttäuschung und Bitterkeit hinterlassen, die sich gegen die Sieger richteten. Das Dilemma war jetzt: »Du wirst verdammt sein, wenn du es tust, und du wirst verdammt sein, wenn du es nicht tust.«[78]

Die Masse der Bevölkerung in Westdeutschland wußte kaum etwas von den britischen Bemühungen, nach dem Kriege deutsche Streitkräfte intakt zu halten. Jetzt wurde ein neuer Vorwurf laut: Es hieß, die Westalliierten stellten im geheimen eine deutsche Armee auf. Das Echo dieses Gerüchts hörte man aus Publikationen rings um Deutschland, und zwar vor allem als Folge einer Pressekonferenz, die der Nazigegner und deutsche Publizist Eugen Kogon gegeben hatte. Kogon sollte danach im November 1948 bei seiner Rückkehr vom europäischen Föderalistenkongreß in Rom gesagt haben, die Westalliierten hätten begonnen, eine westdeutsche Armee aufzustellen. Das geschähe ohne Wissen oder Unterstützung deutscher Politiker und der deutschen Öffentlichkeit. Der Umstand, daß überall ganz offen von dem Interesse der Westmächte an der deutschen Wiederaufrüstung gesprochen wurde, überschattete die Kontroverse um den genauen Wortlaut der Erklärung Kogons. In deutschen Leitartikeln bschäftigte man sich mit den Grundproblemen, denen sich die geteilte Nation gegenübersah, die keine Souveränität besaß, deren Überleben von fremden Staaten abhing und die jetzt in ein Ringen auf Leben und Tod zwischen den Siegermächten hineingezogen wurde. Bei der Diskussion ging es vor allem um die Frage, ob Deutschland zur Verteidigung des Westens einen Beitrag leisten sollte, ohne selbst ein wirklich souveräner Staat zu sein. Mancher vertrat allerdings auch die Auffassung, wenn die angebliche deutsche Armee – wie behauptet wurde – tatsächlich schon bestand und einige Zeit bestanden haben würde, dann habe die Frage nach der Souveränität schon ihre Bedeutung verloren.[79]

Eine andere Meinung vertrat die *Rheinische Post.* Unter Hinweis auf einen Artikel in einer französischen Zeitung, in dem davon die Rede war, im Falle eines Krieges werde der Westen zwischen Rhein und Elbe verteidigt, meinte das Blatt, die Deutschen, die jetzt militärisch ausgebildet würden, seien im Grunde nur Söldner des Westens.[80] Einige Journalisten berichteten, sie hätten im Dezember 1948 in Berlin amerikanische Kongreßabgeordnete interviewt, und deuteten an, nachdem die Luftbrücke schon eine ganze Zeit bis in die Wintermonate hinein aufrechterhalten worden sei, werde in den Vereinigten Staaten die Frage nach einer Wiederbewaffnung der Deutschen ernsthaft diskutiert. Als man den Kongreßabgeordneten Paul W. Shafer aus Michigan über das Gerücht befragte, der ehemalige Wehrmachtsgeneral Halder nähme Kontakte auf, um die Aufstellung einer neuen deutschen Armee vorzubereiten, sagte er: »Aber gewiß! Das wäre kein Problem. Sie verfügen dort [in den Westzonen] über alles notwendige Rohmaterial.«[81]

Die Diskussionen über ein auf Generationen hinaus entwaffnetes und kontrolliertes Nachkriegsdeutschland gab es bei den Alliierten jetzt nicht mehr. Das genaue Gegenteil war eingetreten; 1948 beschäftigte man sich mit dem Gedanken, wie stark das deutsche Kriegspotential für einen möglichen Einsatz sei, wenn aus dem Kalten ein heißer Krieg werden sollte. Jetzt rief man nicht mehr nach Entmilitarisierung und Kontrollen, sondern nach Wiederaufrüstung und Zusammenarbeit. 1946 hatte es zwischen Byrnes und Molotow ein Gerangel um den Wortlaut eines Vertragsentwurfs gegeben, der die deutsche Entwaffnung für fünfundzwanzig oder für vierzig Jahre garantieren sollte. 1948 stellten beide Seiten die Frage, wie schnell sich Deutschland wiederbewaffnen ließe. Wer später einmal die Geschichte des 20. Jahrhunderts studieren und diese Ereignisse aus dem Blickwinkel betrachten sollte, der sich etwa hundert Jahre später ergibt, dürfte, wenn sich seine Untersuchungen nur auf die offiziellen Erklärungen stützen, ziemlich verwirrt und erstaunt sein.

7.
Die Ursprünge des Kalten Krieges

Man muß daran zweifeln, ob die erste Nachkriegsgeneration in der westlichen Welt jemals ganz davon zu überzeugen sein wird, daß die Verantwortung für den Ausbruch des Kalten Krieges in erster Linie bei Großbritannien liegt. Die Vereinigten Staaten sind in den Jahren 1947/48 so auf die politische Linie Großbritanniens eingeschwenkt, daß sich die früheren Differenzen, die wegen der im Kriege notwendigen gegenseitigen Rücksichtnahme nicht immer deutlich erkennbar waren, im Bewußtsein der Öffentlichkeit verschleiert haben. Es läßt sich jedoch nachweisen, daß es zwischen den Vereinigten Staaten und Großbritannien in der Beurteilung und in der Politik gegenüber der Sowjetunion wesentliche Unterschiede gegeben hat und Großbritannien daher auch in der Frage der Entmilitarisierung Deutschlands eine andere Haltung einnahm als die Vereinigten Staaten. Die Komplexität der Problematik und das Überschneiden der Einflüsse machen es nahezu unmöglich, die verschiedenen Standpunkte präzise gegeneinander abzugrenzen. Aber deshalb ist es doch nicht unmöglich, die Differenzen zu untersuchen.

Im großen und ganzen hat die britische Führung die amerikanische Freundschaft gegenüber der Sowjetunion während der Kriegsjahre fraglos als naiv und sehr gefährlich betrachtet. Ein Beobachter schreibt dazu: »1945 hatten die britischen Führer schwere Bedenken, und nur die Amerikaner gaben sich augenscheinlich im Hinblick auf die Realitäten der Nachkriegswelt naiven Illusionen hin. Sie machten den Russen weitgehende Zugeständnisse und setzten bei der anderen Seite den gleichen guten Willen voraus. Sie erlebten ein unsanftes Erwachen und reagierten um so heftiger, nachdem sie erkannt hatten, daß sie hinters Licht geführt worden waren.«[1] Das ist zwar eine grobe Verallgemeinerung, gibt aber Ansichten wieder, die in Großbritannien viel diskutiert wurden. Als das Interesse für die Geschichte des Kalten Krieges sprunghaft zunahm, beschäftigten sich Journalisten, Forscher und Historiker unermüdlich damit, die Amerikaner wegen ihrer Unschuld – um nicht zu sagen Torheit – zu verurteilen, mit der sie die Bedrohung durch Rußland nicht schon während des Krieges hatten erkennen wollen.[2]

Im Rückblick war es natürlich nicht allzu schwierig, eine beliebig große Zahl von Ereignissen zu finden, die den britischen Standpunkt rechtfertigten. Fast jedermann sprach davon, daß Churchill als einziger der großen westlichen Führer mit den »Realitäten« gerechnet habe. Seine anti-sowjetische Haltung war seit langem Geschichte, und er hatte bei ungezählten Gelegenheiten vor den Bolschewisten gewarnt. Vielleicht hat Churchill, wie ein Historiker glaubt, zu sehr mit der Freundschaft der Vereinigten Staaten gerechnet und mußte deshalb »die bolschewistische Gefahr erfinden, ob sie nun existierte oder nicht. Die von Sowjetrußland ausgehende gemeinsame Bedrohung war notwendig, um die beiden Staaten nach der Niederlage Deutschlands zusammenzuhalten.«[3]

Seit ihrem Entstehen hatten sich die Westmächte nur aus der Entfernung mit dem Kommunismus auseinandergesetzt. In der Zeit von 1917 bis 1945 hatte es »Konfrontationen« wie nach dem Zweiten Weltkrieg nicht gegeben. Erst nach dem Ende dieses Krieges in Europa hielten es beide Seiten für notwendig, sich gemeinsam hinzusetzen, um Lösungen für Probleme zu finden, die alle Beteiligten berührten: »Deutschland war das Vakuum, in dem sich Ideologie und Macht beider Seiten trafen und kollidierten.«[4]

Man kann nicht leugnen, daß es unmittelbar nach Kriegsende im westlichen Lager niemanden gab, der prominenter gewesen wäre als Churchill, und sein ohnehin hohes Ansehen steigerte sich dadurch, daß er schon so lange an führender Stelle wirkte. Präsident Truman wurde noch nicht einmal im eigenen Land als Staatsmann voll akzeptiert, von der internationalen Bühne ganz zu schweigen, und er war für die Warnungen Churchills empfänglicher als Roosevelt: »Jetzt und nicht früher hatte Churchill freie Hand, gegen die Bolschewiken Alarm zu schlagen, und das mußte er tun. Nur so konnte er sich der Hilfe Amerikas für Großbritannien versichern.«[5]

Im Kriege hatte der britische Premierminister vergeblich versucht, Roosevelt davon zu überzeugen, daß es dringend erforderlich sei, in den letzten Kriegsmonaten gegenüber der Sowjetunion eine Machtposition zu errichten. Seine Bemühungen wurden von den amerikanischen Politikern, die mit ihm zu tun hatten, durchaus zur Kenntnis genommen. Churchills Argument, ein starkes Deutschland sei ein wesentlicher Faktor im Rahmen des gegen Rußland zu errichtenden Bollwerks, wurde im April 1945 mit zunehmender Lautstärke vorgetragen, wenn man auch in gewissen Kreisen in Washington sehr skeptisch darüber dachte.[6]

Die überragende Bedeutung des Krieges zwischen Rußland und Deutschland war in dem entscheidenden Jahr 1943 natürlich vollständig anerkannt worden. Was 1941 für den Westen ausgesehen hatte wie ein in Erfüllung gegangener Traum, wurde nun, weniger als zwei Jahre später, zum möglichen Alptraum. Die allergrößten Sorgen bereitete den Planern der Westalliierten im Frühsommer 1943 der Zeitfaktor; denn sie wußten, daß der Ausgang des Krieges für Deutschland davon abhing, was die deutsche Armee vor Herbstbeginn in Rußland ausrichten konnte.[7] Aber selbst wenn man voraussetzt, daß die von Churchill geäußerten Bedenken begründet waren, dann haben sich 1943 auch in Amerika Stimmen erhoben, die von ähnlichen Befürchtungen sprachen. Dieser Umstand ist zum Teil in Vergessenheit geraten, weil die Amerikaner – anders als Churchill – ihre Warnungen zunächst nicht wiederholt haben. Vielmehr verstummte die amerikanische Kritik an möglichen sowjetischen Absichten, als die Befürchtungen sich legten, es könnte ein Separatfrieden geschlossen werden, und als sich Stalin mit dem Grundsatz der bedingungslosen Kapitulation einverstanden erklärte. Gegen Ende des Krieges wurden wieder kritische Stimmen laut, sie waren aber nicht deutlich genug zu hören, um die amerikanische Politik zu beeinflussen.[8] Als der Krieg jedoch zuendeging, veränderte sich die Haltung Amerikas gegenüber Rußland merklich und beeinflußte auch die Politik der amerikanischen Regierung. Das bedeutete allerdings noch nicht, daß Amerika die außenpolitische Linie Großbritanniens übernahm. »Der Krieg endete damit, daß die Vereinigten Staaten und das Vereinigte Königreich – so eng beide auch miteinander verbunden sein mochten – im Hinblick auf europäische Fragen fast soweit voneinander entfernt waren wie der Westen vom Osten.«[9]

Die Erfordernisse des Krieges hatten einen großen Teil der gegenseitigen Unzufriedenheit mit den Auffassungen und dem Verhalten des anderen auf den verschiedensten Gebieten wie etwa hinsichtlich eines Separatfriedens oder der Festlegung der Besatzungszonen in Deutschland verdeckt. Diese Differenzen blieben den Sowjets nicht verborgen und fachten ihre feindselige Haltung gegenüber Großbritannien an, als der Krieg sich dem Ende näherte.[10] Man durfte kaum daran zweifeln, daß die öffentliche Meinung in Amerika aus historischen Gründen die Nazis für eine größere Gefahr für die Zukunft Europas hielt als die Sowjets. Auf Großbritannien traf das in dieser Form nicht zu.[11]

Die Möglichkeit eines Separatfriedens mit Deutschland im Westen – wie auch die eines russisch-deutschen Friedens im Osten[12] – bleibt immer noch ein schwer zu erhellendes Thema. Aber die britischen Interessen ließen sich in den Jahren 1943/44 deutlich erkennen. Offensichtlich hatte sich die Kriegslage von 1941 bis 1943 entscheidend verändert, und trotz des britischen Versprechens im Juli 1941, niemals einen Separatfrieden mit den Deutschen abzuschließen (und trotz eines 1942 geschlossenen Bündnisvertrags mit der Sowjetunion)[13], sah nach Stalingrad alles ganz anders aus. Zugegebenermaßen gibt es kaum Hinweise darauf, daß führende Persönlichkeiten in Großbritannien auf dem Höhepunkt des Krieges im Ernst daran gedacht haben, einen Sonderfrieden mit Deutschland zu schließen. Doch anders als in den Vereinigten Staaten hat man hier auf höchster Ebene über diese Möglichkeit gesprochen, und die Gerüchte darüber sind nie verstummt.[14]
Die Vereinigten Staaten haben die Möglichkeit eines Separatfriedens nicht außer acht gelassen. Gerade deshalb haben vor allem die Vereinigten Staaten auf die klare Zustimmung aller Beteiligten zum Prinzip der bedingungslosen Kapitulation gedrängt. Nach dem Krieg hat es eine Kontroverse darüber gegeben, wer die Forderung nach bedingungsloser Kapitulation zuerst gestellt habe und welche Absichten sich damit verbanden. Während des Krieges aber (und vor allem, als sich die Forderung nach bedingungsloser Kapitulation als Belastung für die Alliierten erwies) wurde nie bestritten, daß die Amerikaner sie zuerst aufgestellt hatten. Es war nicht nur die Sorge, es könne zwischen Rußland und Deutschland zum Frieden kommen, die Roosevelt beunruhigte, sondern er wollte auch Stalin wegen des Aufschubs der lange versprochenen zweiten Front besänftigen.[15] Die offizielle amerikanische Außenpolitik hat bis zum Schluß am Konzept der bedingungslosen Kapitulation festgehalten, wenn man auch fürchtete, die anderen Alliierten könnten

sie auf die eine oder andere Weise umgehen. Der amerikanische Außenminister Stettinius meinte in einer Botschaft vom April 1945, die Politik habe sich »niemals verändert und ist auch nie irgendwie modifiziert worden. Wir dürfen es auch nicht zulassen, daß sie in den letzten Phasen der militärischen Operationen gegen Deutschland kompromittiert wird.«[16]

Im Januar des gleichen Jahres hatte Churchill schon angedeutet, daß der Krieg gegen Deutschland anders als mit der bedingungslosen Kapitulation zuendegeführt werden könnte. Vor dem Unterhaus gab der britische Premierminister zu, er habe sich der Erklärung Roosevelts in Casablanca angeschlossen, weil die Dinge noch »in der Schwebe« waren. Jetzt sei das anders. Der Sieg sei in greifbare Nähe gerückt, und man müsse die veränderte Lage in Rechnung ziehen. Mit sorgfältig gewählten Worten und unmißverständlicher Deutlichkeit empfahl der Premierminister, man sollte ernsthaft darüber nachdenken, ob man die Deutschen wirklich vernichten wolle oder nicht. Durch seine sehr geschickte Wortwahl gelang es ihm, die Vorstellung zu vermitteln, er sei zwar nach wie vor durchaus für die bedingungslose Kapitulation, aber auch zu fragen, ob man nicht den Erfordernissen der Zeit gerecht werden und Gerechtigkeit durch Gnade abmildern sollte.[17]

Später hat Lord Hankey, ein Mitglied des Kriegskabinetts von Winston Churchill, gesagt, wie man in Großbritannien zur Zeit der Erklärung des Premierministers in gewissen Kreisen gedacht hat: »Die einzige Nation, die aus der Politik der bedingungslosen Kapitulation Vorteile zog, war Rußland, das, weil sich der Krieg in die Länge zog, Osteuropa überrennen und dort sein eigenes politisches System errichten konnte.«[18]

Im Rückblick haben einige Persönlichkeiten, die während des Krieges in Großbritannien eine führende Rolle spielten, ihrer Kritik an der Politik der Vereinigten Staaten noch weitere Dimensionen hinzugefügt. Daß die Alliierten auf der bedingungslosen Kapitulation bestanden hatten, war nach Auffassung von Montgomery die Ursache für die nach dem Kriege in Deutschland entstehenden Schwierigkeiten. Er bezeichnete diese Politik als »einen großen Fehler« – und das habe sich deutlich erwiesen.[19] Zum gleichen Thema hat sich auch Ernest Bevin 1949 ausführlich geäußert, als er Außenminister war. Nachdem er die britische Besatzungspolitik in Deutschland gerechtfertigt hatte, bezeichnete Bevin die Erklärung von Casablanca als eine Maßnahme, zu der »weder das britische Kabinett noch irgendein anderes Kabinett etwas zu sagen die Gelegenheit hatte. Wir befanden uns mitten im Krieg, und die Erklärung wurde einfach abgegeben. . . Nun hatten wir es mit einem Deutschland zu tun, in dem es keine Rechtsordnung, keine Verfassung und keinen einzigen Menschen gab, mit dem wir hätten verhandeln können. . . Ich kann die Leistungen der militärischen Befehlshaber und politischen Berater nicht hoch genug einschätzen, die hier vor einem Trümmerhaufen standen, aus dem sie ein neues Deutschland aufbauen mußten.«[20]

Churchill stimmte der Erklärung Bevins zu, meinte aber, er habe kaum eine Wahl gehabt: Er hätte Roosevelt beipflichten müssen, weil der amerikanische Präsident diesen Beschluß bekanntgegeben habe, ohne ihn vorher zu konsultieren. Jetzt käme es darauf an, mit der Demontage der deutschen Fabriken aufzuhören, die für die Verteidigung des Westens wichtig sein könnten, und damit die volle Unterstützung der Deutschen zu gewinnen.[21]

Es wurde auch die Ansicht vertreten, daß sich aus dem Festhalten an der bedingungslosen Kapitulation Deutschlands die deutsche Teilung zwangsläufig ergeben habe. Obwohl Churchill nicht der Auffassung war, daß »die bedingungslose Kapitulation wesentlich dazu beigetragen hat, die für die Beendigung des Krieges notwendigen Voraussetzungen zu schaffen«,[22] gab es andere Stimmen. Wenn es noch den kleinsten Rest einer deutschen Regierung gegeben hätte, meinten sie, wären die Alliierten in der Lage gewesen, das Land mit Hilfe dieser Organisation zu verwalten und seine Einheit zu erhalten.[23]

Auch die Amerikaner haben natürlich zum Ausdruck gebracht, daß sie mit der Art und Weise, wie Deutschland schließlich bei Kriegsende geteilt wurde, nicht einverstanden waren. Aber zum Teil war das durch die Invasion vorprogrammiert gewesen und ließ sich gar nicht vermeiden, weil die amerikanischen Streitkräfte in der Normandie am rechten Flügel kämpften und dort blieben, als sie beim Vorstoß nach Deutschland herumschwenkten. »Man hat seitdem oft gesagt, daß Rußland und Polen den Brotkorb, Großbritannien das Kernstück der deutschen Industrie erhielten, und daß für die Vereinigten Staaten nur die Sehenswürdigkeiten übrig geblieben seien.«[24] Es war ein wichtiger Faktor, daß die Briten einen großen Teil des Rests der deutschen Industrie an Rhein und Ruhr beherrschten wie auch das künftige Industriepotential. Britische Politiker nahmen zu der in Potsdam geäußerten Auffassung, der deutschen Industrie müßten wesentliche Einschränkungen auferlegt werden, schon damals eine kritische Haltung ein. In Großbritannien wurde viel über diese Frage diskutiert, aber in den Vereinigten Staaten hat man sie fast ganz übersehen.[25] Die Briten ließen die restlose Vernichtung des Kriegsmaterials in ihrem Gebiet nicht zu und waren stolz auf ihre »realistische« Politik im Gegensatz zu den »Illusionen« Washingtons.[26]

Die Auseinandersetzungen über die Zukunft Deutschlands hatten schon mehrfach begonnen, und zwar zu den verschiedensten Teilaspekten. In den letzten Kriegsmonaten und weit entfernt von allen Konferenztischen erkannte man die von einander abweichenden Ziele Großbritanniens und der Vereinigten Staaten in dem Konflikt, der sich zwischen Montgomery und Eisenhower entwickelte. Es hatte schon vorher Zusammenstöße hinter den Kulissen gegeben, aber die Differenzen zwischen beiden Männern blieben verhältnismäßig unbedeutend. Aber als Churchills Besorgnisse zunahmen und er mit fast fanatischem Eifer bestrebt war, den Vereinigten Staaten die sowjetische Gefahr bewußt zu machen oder einseitig etwas zu unternehmen, kam es zu deutlichen Differenzen über die Frage, welche Bereiche Deutschlands und Mitteleuropas von den Westalliierten besetzt werden sollten. In Churchills Augen kam es nur darauf an, einen möglichst großen Teil von Mitteleuropa zu besetzen, bevor die Russen nach Westen vorstießen. Für Churchill war es von ausschlaggebender Bedeutung, bei Kriegsende in einer guten Verhandlungsposition zu sein. Das bedeutete, daß er in dem Augenblick, in dem der letzte Schuß abgefeuert wurde, möglichst weit ostwärts stehen wollte.

Churchill zweifelte nicht daran, daß die Verhandlungsposition des Westens bei den Friedensgesprächen um so stärker sein werde, je größer das Gebiet war, das die Westmächte besetzt hatten; und er hatte nicht die Absicht, einen »Befehl zum Anhalten« zu befolgen.[27] Daß die Absicht Churchills, trotz der Mißbilligung durch die Vereinigten Staaten so weit wie möglich nach Osten vorzustoßen, später so hoch gepriesen wurde, bedeutete zugleich, daß Eisenhower, besonders wegen Berlin, scharfe Kritik hinnehmen mußte. Churchills Nachfolger Clement Attlee hat mit ungewöhnlicher Schärfe behauptet, die Vereinigten Staaten hätten die Lage in Europa nicht begriffen, und Eisenhower hätte den Russen erlaubt, viel zu weit nach Westen vorzudringen. Er kam zu dem düsteren Schluß, Großbritannien sei dadurch gezwungen worden, auf vielen Gebieten mit den Deutschen zusammenzuarbeiten, wo das absolut falsch war.[28] Es ist vielleicht nicht übertrieben, wenn man sagt, das Bemühen Montgomerys, die Russen Ende April 1945 beim Wettrennen zur Ostseeküste zu schlagen, sei »eine Schlacht gewesen, in der nicht nur der deutsche Feind geschlagen werden

sollte, sondern auch ein neuer Feind aus dem Osten – der ehemalige russische Verbündete!«[29]
Montgomerys eigene Worte stützen in gewisser Weise diese Interpretation; denn er hat später mehrfach gesagt, die Vereinigten Staaten und Großbritannien hätten in Europa freie Hand haben können, wenn man nur Wien, Prag und Berlin genommen hätte, denn dann »wäre unsere Stellung wahrscheinlich jetzt ganz anders gewesen. Aber so mußten wir ... für unsere Unterlassungssünden büßen.«[30] Das »Wir« ist hier natürlich nicht wörtlich zu nehmen, sondern den »Fehler« hatten die Vereinigten Staaten und ganz besonders Eisenhower begangen. Später hat Nikita Chruschtschow gesagt, Montgomery und Eisenhower seien zwar beide Produkte der bürgerlichen Gesellschaft, sie lebten aber nach verschiedenen Verhaltensnormen.[31]
Gewisse Unterschiede zwischen den beiden alliierten Generälen lassen sich deutlich erkennen. In der Frage, ob man die Russen daran hindern müsse, weiter nach Westen vorzustoßen, indem man ein möglichst großes Gebiet besetzte, bevor der Krieg zuende war, vertraten beide Männer völlig entgegengesetzte Standpunkte. Montgomery berichtet, in den letzten Kriegstagen sei er sich der akuten Bedrohung durch die Russen völlig bewußt gewesen, denn sie seien gefährlicher gewesen als die Deutschen. Er schreibt: »Während wir so nach Osten brausten, bekamen es offenbar sowohl der Premierminister als auch Eisenhower mit der Angst, daß ich es vielleicht doch nicht schaffen könnte, die Russen von Schleswig-Holstein und Dänemark fernzuhalten, denn von beiden erhielt ich Funksprüche darüber.«[32] Aber weder in den Papieren[33] Eisenhowers noch in seinem Buch *Crusade in Europe*[34] findet sich auch nur eine Andeutung darüber, daß es notwendig sei, Norddeutschland und Dänemark zu besetzen, bevor die Russen dort waren, und auch ein Telegramm an Montgomery zu diesem Thema wird nicht erwähnt.

Der Konflikt wird sehr gut illustriert durch die Vorgänge bei der Kapitulation an der Westfront. Montgomery, der sicher ganz im Sinne Churchills gehandelt hat, war entschlossen, die bedingungslose Kapitulation zu umgehen und möglichst viele deutsche Soldaten gefangenzunehmen. Das war ein hoher Prozentsatz der geschlagenen Wehrmacht. Obwohl der allgemeine Eindruck besteht, es habe sich hier um eine bedingungslose Kapitulation gehandelt, ist das in Wirklichkeit nicht der Fall gewesen. Montgomery hat die Vereinbarungen nicht beachtet, und ein Beobachter aus dem Jahr 1945 schreibt: »Auf amerikanischer Seite wurde erhebliche Kritik an dieser Einzelkapitulation laut. Das hat aber Montgomery nie etwas ausgemacht.«[35] Der britische General war durchaus bereit, sich verbal zum Prinzip der bedingungslosen Kapitulation zu bekennen, aber in Wirklichkeit interpretierte er dieses Verfahren ganz nach seinen persönlichen Überzeugungen und nahm alle deutschen Soldaten in Gewahrsam, die vor ihm kapitulieren wollten.[36]
In einer Botschaft vom 4. Mai 1945 wiederholte Eisenhower seine Auffassung von der deutschen Kapitulation wie folgt: »Ich halte es für sehr wünschenswert, die Kapitulation an der russischen Front und die Kapitulation an dieser Front genau aufeinander abzustimmen, so daß die Feindseligkeiten zur gleichen Zeit eingestellt werden.«[37]
Hitlers Nachfolger, Großadmiral Karl Dönitz, hatte sich energisch für die Teilkapitulation eingesetzt, die Montgomery ihm ermöglichte. 1971 rechtfertigte der Admiral im Ruhestand sein Verhalten immer noch mit der Behauptung, er habe Millionen von Deutschen für den Westen gerettet, und schrieb: »Die Besprechungen wegen einer Teilkapitulation mit den englischen Streitkräften erfolgten am 3. Mai 1945 zwischen Montgomery und dem Generaladmiral von Friedeburg, welchen ich zu diesem Zweck zu dem britischen Feldmarschall geschickt hatte.«[38] In seinen Memoiren erklärte Dönitz, Montgomery sei von Anfang an für ei-

nen Separatfrieden gewesen und habe am 4. Mai eine entsprechende Vereinbarung unterzeichnet. Er erklärte auch, er habe sehr wohl gewußt, daß sich Eisenhower einer solchen Regelung entschieden widersetzte, denn auf seine Ankündigung vom 1. Mai, er wolle den Kampf nur gegen die Sowjetunion fortsetzen, hätten die Amerikaner sehr negativ reagiert.[39]

Bis heute hält es der alte Admiral für eine seiner bedeutendsten Leistungen im Kriege, daß es ihm gelungen ist, so viele Deutsche nach Westen zu bringen. Er behauptet, damit schon Ende 1944 begonnen zu haben. »Nach einer Meldung des Marine-Oberkommandos Ostsee an mich vom 9. Mai 1945 wurden im Zeitraum 23. Januar bis 8. Mai 1945 durch unsere Kriegs- und Handelsschiffe 2.022.602 Menschen in westliche Ostsee-Häfen gebracht. Die tatsächliche Zahl der Geretteten muß indes nach neuerer Forschung weit höher veranschlagt werden.«[40]

Auf die Frage nach den äußeren Umständen in jenen letzten Tagen, die es ermöglicht haben so viele Deutsche herauszubringen, antwortete Dönitz: Diese Rettungsaktionen »konnten, dank einer großzügigen Auslegung dieser Teilkapitulation durch die Engländer – eigentlich hätte schon am 5. Mai 1945 die Übergabe des gesamten deutschen Schiffsraums beginnen müssen –, weiterlaufen. Dafür bin ich Montgomery noch heute [29. April 1975] dankbar«.[41]

Vielleicht hat Montgomery gehofft, er könne die buchstabengetreue Befolgung des Befehls von Eisenhower umgehen, nur eine gleichzeitige Kapitulation an allen Fronten zu akzeptieren, ohne daß die Allianz der Siegermächte daran zerbrach. Wenn das der Fall war, so hat sich der britische Heerführer gründlich getäuscht: Die Überreste der gewaltigen deutschen Armee, die er jetzt kontrollierte, ließen sich weder vor den Amerikanern noch vor den Russen verstekken.

Wenn die Vereinigten Staaten und Großbritannien im April

1945 die gleiche Meinung über Rußland gehabt hätten, dann wäre es natürlich möglich gewesen, von Stalin die strikte Einhaltung aller in Jalta und später in Potsdam getroffenen Vereinbarungen zu verlangen. Das hätte aber auch bedeutet, daß die Politik der Vereinigten Staaten gegenüber der Sowjetunion sich hätte ändern müssen und daß die Westalliierten sich darüber einigten, wenn notwendig gegen einen bisherigen Verbündeten Krieg zu führen. Wohl war das für viele eine erschreckende Vorstellung, aber man hat doch an diese Möglichkeit gedacht.[42]

Es kann nicht bestritten werden, daß Churchill versucht hat, die Vereinigten Staaten von der Richtigkeit seiner Auffassung zu überzeugen, als der Krieg in seine Endphase trat, und daß er, als ihm dies nicht gelang, alles getan hat, um Großbritannien auf die Eventualität einer Konfrontation mit den Russen vorzubereiten, bei der England allein dagestanden hätte. Nicht ganz klar ist es, wie weit Churchill wirklich gehen wollte. Wohl haben die Russen sein Verhalten scharf mißbilligt und den Premierminister beschuldigt, bewußt auf einen Krieg gegen seinen ehemaligen Verbündeten hingearbeitet zu haben. Es gab aber auch Stimmen, die sein Verhalten verteidigt und behauptet haben, Churchill habe den Krieg nicht gewollt.[43] Aber wer will sagen, was im Gehirn des britischen Premierministers tatsächlich vorgegangen ist? Es ist legitim zu glauben, daß Churchill zwar einen Krieg gegen die Sowjetunion nicht gewollt hat, daß aber seine Worte und Taten zweifellos die Bereitschaft anzeigten, einem Konflikt nicht auszuweichen, wenn er ihn für notwendig hielt. Man darf nicht vergessen, daß er im äußersten Fall mit der Unterstützung der Vereinigten Staaten rechnen konnte und das auch gewußt hat.

Die politischen Entwicklungen nach dem Kriege haben Churchill mit seinen Warnungen recht gegeben. Damit ist sein ohnehin schon gewaltiges Ansehen als Staatsmann noch mehr gewachsen. Doch 1946 befand man sich schon in der Nachkriegsperiode, und die Dinge lagen ganz anders als 1945. Die Ernüchterung Amerikas im Hinblick auf die Sowjetunion hatte begonnen.

Mit der Rede Churchills in Woodford am 23. November 1954 hob sich vorübergehend der Vorhang, und bestimmte Aspekte im Verhalten Churchills in einem entscheidenden weltgeschichtlichen Augenblick wurden enthüllt. In mancher Hinsicht ergaben sich aus diesen Enthüllungen mehr Fragen als Antworten. In den nachfolgenden Parlamentsdebatten bemühte sich Churchill zu verhindern, daß die Angelegenheit aufgedeckt wurde, und hier zeigte sich auch, daß er hoffte, sie mit der problematischen Erklärung, sein Telegramm sei verbrannt, ein für allemal zu begraben. Es ist auch sehr seltsam, daß der Premierminister, nachdem er zunächst zugegeben hatte, er habe sich vielleicht geirrt, nicht eine Sekunde daran gezweifelt zu haben scheint, daß es ein Telegramm gegeben und daß er es sicher auch abgeschickt habe.

Im Verlauf der Unterhausdebatten hat es einmal eine ausführliche Befragung des Premierministers über die genaue Methode gegeben, nach der Geheimdokumente behandelt wurden. Hier erklärte Churchill, während des Krieges hätten solche Telegramme an der Front verbrannt werden können, aber in der Heimat habe man die Kopien zu den Akten genommen. Im Verlauf der Befragung stellte es sich heraus, daß sich Churchill sofort nach seiner Rede in Woodford mit Montgomery in Amerika in Verbindung gesetzt hatte, um festzustellen, ob dieser das Telegramm noch habe.[44]

Wohl gibt es keinen Hinweis darauf, daß General Eisenhower von dem fraglichen Telegramm etwas gewußt hat, aber seine Existenz hätte den alliierten Oberbefehlshaber wahrscheinlich nicht überrascht. In einem Brief an General Marshall gegen Ende des Krieges brachte Eisenhower seinen Ärger über Montgomery zum Ausdruck, weil der britische Feldmarschall ihn immer wieder verunsichert habe, und

»griff Churchill an, weil er sich so oft unmittelbar mit Montgomery in Verbindung setzte – seine Art der Einmischung und ständigen Mißachtung des Dienstweges«.[45]
Wie stark und wie sehr im Recht sich Churchill 1954 fühlte, ging deutlich aus der Haltung hervor, die er einnahm, als man ihn wegen seiner Ansprache in Woodford angriff. Ob es nun ein Telegramm gegeben hatte oder nicht, er wußte besser als irgendjemand sonst, daß sich die Weltlage seit Mai 1945 grundlegend geändert hatte und seine Äußerungen in weiten Kreisen positiv aufgenommen werden würden. Als der Premierminister berichtete, wie er im Mai 1945 gedacht hatte, und im Unterhaus Pfuirufe laut wurden, erklärte er mit Nachdruck: »Ich berichte ungeschminkt und offen über diese Dinge.«[46]
Für den Mann auf der Straße (es sei denn, er war Deutscher) war die Vorstellung, daß die Westalliierten eine geschlagene deutsche Armee verwenden könnten, um sich auf einen neuen Konflikt mit Sowjetrußland einzulassen, im Jahre 1945 ohne Frage absurd. Aber nur wenige Jahre später war das nicht mehr so undenkbar. In der Nachkriegswelt hatten sich die Menschen an den Gedanken des Kalten Krieges gewöhnt.
Mit dem Ursprung des Kalten Krieges haben sich viele Autoren beschäftigt. Man sollte aber besser von seinen »Ursprüngen« sprechen; denn es gibt zahlreiche Widersprüche in der Geschichte jener Entwicklung, die zu der geteilten Welt der fünfziger und sechziger Jahre geführt hat.

Dank des Verfassers

Viele Menschen haben mir im Großen wie im Kleinen beim Forschen und Schreiben geholfen, und mit besonderer Freude danke ich den folgenden Archivaren, Historikern, Bibliothekaren und anderen Fachleuten, die mir ihr Wissen, ihre Ratschläge und Meinungen zur Verfügung gestellt haben: Mr. Leif Wold, Lt. Col. Nils Borchgrevink, Dr. H. Brausch, Dr. A. Hoch, Mr. A. Harrington, Mr. Gary Ryan, Dr. Robert Wolfe, Rev. R.A. Graham S.J., Mr. K. Hiscock, Gen. S.L.A. Marshall, Dr. Jürgen Rohwer, Dr. H. Meier-Welcker, Admiral Karl Dönitz, Mr. John Lewis und Dr. Richard Burns. Ebenso danke ich meinem Verleger bei Sage, Mr. Lars Jensen. Für alle Irrtümer bin ich selbst verantwortlich.

Ein Forschungsurlaub und ein Zuschuß der California State University in Los Angeles haben mir die Zeit und die Mittel zur Verfügung gestellt, diese Arbeit im Herbstsemester 1976 fertigzustellen, und dafür bin ich sehr dankbar. Mein besonderer Dank gilt meiner Frau, die es geduldig und mit guter Laune ertragen hat, daß ich mich anstelle eines versprochenen Erholungsurlaubs mit dieser Arbeit beschäftigt habe.

Juli 1977 — Arthur L. Smith, jr.
Los Angeles

Anmerkungen

Die näheren Angaben zu den zitierten Büchern und Aufsätzen sind der nachfolgenden Bibliographie zu entnehmen. Deutsche Übersetzungen, die den vom Autor zitierten Wortlaut oder Sinngehalt nicht angemessen wiedergeben, sind nicht aufgeführt.

1. Die Rede in Woodford

1 R. Churchill Hrsg., *The Unwritten Alliance: Speeches 1953 to 1959 by Winston Churchill*, S. 196–197
2 Ebenda
3 Moran, S. 648 f.
4 *New York Times*, 24. November 1954
5 *The Times*, 25. November 1954. Als einige Jahre später die Memoiren von Montgomery herauskamen, war kaum etwas hinzugekommen, das ein neues Licht auf diese Angelegenheit hätte werfen können. Der Feldmarschall schrieb: »Weitere Verbände hielt ich mir in Reserve für den Fall, daß Unruhen entstanden. Außerdem hatte ich Befehl erhalten, die Zerstörung der deutschen Waffen und Ausrüstungslager einzustellen für den Fall, daß die Westalliierten sie benötigten, und das alles mußte bewacht werden.« Montgomery, *Memoiren*, S. 402
6 *The Times*, 25. November 1954
7 Ebenda
8 Ebenda, 27. November 1954
9 *Heidelberger Tageblatt*, 26. November 1954
10 *Rhein-Neckar-Zeitung*, 25. November 1954
11 *Neue Rheinzeitung*, 26. November 1954
12 In einem Artikel der *New York Times* vom 26. November 1954
13 Churchill nannte folgende Passagen: *Triumph and Tragedy*, S. 499 und 469. In dem Telegramm an Eisenhower vom 9. Mai 1945 heißt es: »Ich habe mit einiger Beunruhigung gehört, daß den Deutschen befohlen wurde, ihre Flugzeuge *in situ* zu zerstören. Ich hoffe, daß man in bezug auf Waffen und anderes Kriegsmaterial nicht ebenso verfährt. Wir werden all dies eines Tages vielleicht dringend brauchen ...« *Triumph und Tragödie*, Bd. II, S. 263
14 *The Times*, 26. November 1954
15 *Ebenda*, 27. November 1954
16 Moran, S. 651–652. Moran berichtet, schon vor drei Jahren habe eine Persönlichkeit, die Churchill bei seinen Forschungen behilflich war, vergeblich nach dem gleichen Telegramm gesucht. Damals habe man geglaubt, der Premierminister »müsse sich im letzten Augenblick entschlossen haben, es nicht abzuschicken«. Ebenda, S. 652
17 *House of Commons Debates*, a.a.O., S. 149–160
18 Ebenda, S. 161–163
19 Ebenda, S. 163
20 Ebenda, S. 163–164

21 Ebenda, S. 166–167
22 Ebenda
23 Schukow, S. 643
24 *House of Commons Debates*, a.a.O., S. 170–171.
25 Ebenda
26 Ebenda, S. 172
27 Ebenda, S. 173–174
28 Ebenda
29 Ebenda, S. 176
30 Moran, S. 657 [S. 7
31 *House of Commons Debates*, a.a.O.,
32 Ebenda
33 *The Times*, London, 6. Dezember 1954
34 *House of Commons Debates*, a.a.O., S. 602
35 Ebenda, S. 771–772
36 Ebenda, S. 772–773
37 Moran, S. 661
38 *The Times*, 8. Dezember 1954
39 *House of Commons Debates*, a.a.O., S. 1109–1111
40 Ebenda, S. 1112
41 Ebenda, S. 1115–1116
42 Ebenda, S. 1574
43 Ebenda, S. 1575
44 Great Britain, Public Records Office, War Office, 214/42, »Papers of Field Marshal Alexander«, Akte Nr. 27, Bd. 111
45 Ebenda, Dokument 21 bis 26
46 Ebenda, Dokument 27 bis 32
47 *House of Commons Debates*, a.a.O., S. 1581
48 Ebenda, S. 1579–1580

2. Politik und Strategie der Westalliierten im vierten Kriegsjahr

1 R.A. Winnacker, »Yalta another Munich?« in: Robert Divine Hrsg., *Causes and Consequences of World War II*, Chicago 1969, S. 248
2 »Our worst blunder of the War: Europe and the Russians«, ebenda, S. 167–168
3 Gaddis, S. 88
4 »Strike from the South«, in: S. Bailer Hrsg., *Stalin and his Generals: Soviet Military Memoirs of World War II*, New York 1969, S. 521
5 Beneš, S. 240
6 Ebenda, S. 243 ff.
7 Ulrich von Hassell: *Vom anderen Deutschland*, Zürich/Freiburg i. Br. 1946, S. 327
8 *Foreign Relations of the United States*, 1943, Bd. III, Washington 1963, S. 623 u. 690. Im folgenden zitiert als *F.R.U.S.*
9 *Nazi Conspiracy and Aggression*, Supplement B, Washington 1946, S. 1193–1204
10 Deakin, S. 311–14; Kempner, S. 7. Die Konferenz wurde Anfang April auf Schloß Kleßheim bei Salzburg abgehalten.
11 Liddell Hart, S. 488. Das Problem eines Separatfriedens bleibt bis heute für den Historiker eine faszinierende Frage.
12 Kleist, S. 240 ff.
13 Ebenda, S. 260 f.
14 Ebenda, S. 266, 267 und 274–275
15 Amerikanische Akten der Joint Chiefs of Staff, CCS 334, Combined Chiefs of Staff (8–17–43), 113. Sitzung, »Military Considerations in Relation to Russia,« RG 218, S. 5–6
16 Siehe Dallin, a.a.O.
17 Hankey, S. 193
18 »Die berühmten Worte ›bedingungslose Kapitulation‹ wurden zum erstenmal am 16. Februar 1862 von Grant verwendet; er verlangte die Kapitulation des Forts Donelson durch den General der Konföderierten Simon Bolivar Buckner. . . und das erreichte er auch.« H. Stein Hrsg., S. 308
19 Zitiert in B.R. von Oppen, *Documents on Germany under Occupation, 1945–1954*, New York 1955, S. 1. Viel später erklärte Churchill, er habe zwar Roosevelt in seinem Verlangen nach bedingungsloser Kapitulation unterstützt, es sei aber nicht die Form einer Erklärung gewesen, die »wir oder unsere Regie-

rung gewählt hätten«. Ebenda, S. 409. Siehe auch E. Roosevelt, S. 117
20 Churchill, *The Hinge of Fate*, S. 684–686
21 Ritter, S. 273
22 Krautkraemer, S. 11 f.
23 Warburg, S. 280
24 Ebenda, S. 281 ff.
25 Siehe *F.R.U.S., 1945*, Bd. III, S. 719 und Lerner, S. 134
26 U.S. National Archives, Foreign Military Studies Monographs Series Number MS No. P–202, German Copy, »The significance to the Germans during World War II of the Allied term ›Unconditional Surrender‹«, S. 23–24
27 Chase, S. 271
28 Siehe A. Bryant, *The Turn of the Tide* und S.E. Morison, *Strategy and Compromise*
29 Vgl. Werth, *The Year of Stalingrad*
30 Higgins, S. 71–74
31 Burns, S. 233
32 Adams, S. 229
33 Burns, S. 237
34 Pogue, S. 237
35 Werth, S. 263–264
36 Ebenda, S. 272–273
37 F. Morgan, *Overture to Overlord*, S. 26
38 G. Harrison, *Cross-Channel Attack*, Washington 1951, S. 79–81
39 F. Morgan, S. 106
40 Ebenda, S. 107–114
41 *F.R.U.S. The Conference at Washington and Quebec, 1943*, Washington 1970, S. 910–911. Pogue schreibt über die Besorgnisse des Generals in Quebec: »Nur für einen kurzen Augenblick wurde der Schleier über einer Frage gelüftet, die später das westliche Denken überschatten sollte. Man ging aber nicht näher auf diesen Punkt ein.« Pogue, S. 249
42 *F.R.U.S.* a.a.O., S. 910–911
43 F. Williams, S. 76
44 *F.R.U.S.*, a.a.O., S. 76; siehe auch Beneš S. 187
45 Beneš' persönlicher Sekretär begleitete den tschechischen Politiker auf seiner Reise in die Vereinigten Staaten und schrieb später, Beneš habe schon mit der Niederschrift seiner Memoiren begonnen, aber aus politischen Gründen nicht alles darin aufgenommen, was hätte aufgenommen werden können. E. E. Tabersky, S. 155
46 Beneš, S. 342
47 Ebenda
48 F. Morgan, S. 122
49 Bradley, S. 199
50 Matloff, S. 424
51 Burns, S. 238
52 *F.R.U.S., The Conferences at Cairo and Teheran*, Washington 1961, S. 553
53 Ebenda
54 Ebenda, S. 583–584
55 Ebenda
56 »Baroness Asquith of Yarnbury in conversation with Kenneth Harris,« *The Listener*, 17. August 1967, S. 199. Siehe auch Harriman und Abel, S. 170
57 Wheeler-Bennett und Nichols, S. 290
58 Bryant, *Triumph in the West*, New York 1959, S. 49
59 E. Roosevelt, S. 184–185
60 Baldwin, »Our worst blunder in the War«, in: Divine, *Causes and Consequences*, S. 172
61 Leasor, S. 13 und 283. Eine ähnliche Ansicht vertritt W. Strang, *Britain in World Affairs*, S. 337 f. Im Licht der britischen Behauptung, es habe den amerikanischen Militärs an politischer Einsicht gefehlt, klingt der folgende von Eisenhower gegebene Bericht etwas ironisch. Er erzählt, die Bombenangriffe gegen Italien seien einmal etwa eine Woche unterbrochen worden, weil bestimmte Ausrüstungsgegenstände fehlten. Er beschloß, diese Zeit zu nutzen, um den Italienern zu sagen, dies sei der richtige Augenblick für die Kapitulation. Doch sofort mußte er hören, daß sich Churchill bei Roosevelt beschwert und gesagt hatte, Soldaten

seien zum Kämpfen da und sollten die Politik den Politikern überlassen. J. Nelson Hrsg., S. 54–55

62 Bartlett, S. 8

63 Gaddis, S. 135

64 Watt, S. 59 f.

3. Ein beunruhigender Sieg

1 Ingersoll, S. 324. Dabei ist ein Churchill-Zitat vom 14. Januar 1945 besonders interessant, in dem der britische Premierminister zur Vorsicht bei der Voraussage des Kriegsendes mahnt und meint, es sei mit einiger Sicherheit im Oktober 1945 zu erwarten. *Triumph und Tragödie*, Bd. II, S. 387

2 Matloff, S. 428

3 Warlimont, S. 526

4 *F.R.U.S. 1945*, Bd. III, S. 424 ff.

5 Churchill, *Triumph und Tragödie*, Bd. II, S. 91

6 *F.R.U.S. 1945*, Bd. III, S. 430 ff.

7 Ryan, S. 131

8 Schoenfeld, S. 242

9 *Deutsche Allgemeine Zeitung*, 23. Febr. u. 7. März 1945

10 *Völkischer Beobachter*, 20., 22., 26. u. 30. März 1945

11 Flugblatt aus der Sammlung Klaus Kirschner, Verlag für zeitgeschichtliche Dokumente und Kuriosa, Erlangen. Natürlich forderten die Bemühungen der alliierten Propaganda an der Westfront damals ihren Preis. Siehe Erdmann, a.a.O.; Shils und Janowitz, a.a.O.

12 Zit. bei Rahn, S. 282

13 *F.R.U.S. 1945*, Bd. III, S. 722

14 Ebenda, S. 724–727

15 Ebenda, S. 730

16 Ebenda, S. 731–734

17 Am 19. waren Vertreter des S.A.C. in Bern mit Wolff zusammengetroffen, und man kam überein, er sollte den Inhalt der Besprechungen Kesselring vortragen und dabei die Möglichkeit einer vollständigen deutschen Kapitulation vor dem alliierten Oberkommando in Caserta im Auge haben.

18 *F.R.U.S. 1945, Bd. III*, S. 735–737

19 Ebenda, S. 738–740. Paul Seabury: »Die Logik dieser neuen Theorie [der bedingungslosen Kapitulation an allen Fronten] würde zu dem düsteren Ergebnis führen, daß das Gemetzel an allen Fronten weitergehen mußte, wenn nicht schon bei den einleitenden diplomatischen Kontakten mit dem Feind in jedem Falle alle alliierten Hauptbeteiligten an Ort und Stelle teilnehmen konnten, weil andernfalls Mißtrauen zwischen den Alliierten aufkommen würde.« Seabury, »Cold War Origins«, S. 114, Fn. 5

20 *F.R.U.S. 1945*, Bd. III, S. 742. Kursiv des Verfassers

21 Ebenda, S. 742. Interessanterweise spricht die Antwort der Vereinigten Staaten davon, daß ein solcher Vorschlag zur Zeit nicht ratsam sei.

22 Ebenda, S. 745–746

23 Ebenda, S. 746–747

24 Ebenda, S. 750. Seweryn Bailer schreibt nach dem Kriege, als ihm deutsche Urkunden zur Verfügung standen, daß in der Zeit vom 11. bis zum 20. April 1945 an der Westfront 577 deutsche Soldaten gefallen und 1951 verwundet worden sind; im Osten fielen 7587 deutsche Soldaten und 35414 wurden verwundet. Zur gleichen Zeit wurden an der Westfront 268229 deutsche Soldaten als »vermißt« gemeldet, an der Ostfront aber nur 25823. Bailer, S. 621

25 *F.R.U.S.* a.a.O., S. 750. Der Bericht eines Deutschen dazu findet sich bei Rahn, S. 282 ff.

26 Rahn, S. 286 ff.

27 *F.R.U.S. 1945*, Bd. III, S. 759–762.

28 Chruschtschow, S. 225

29 P. Kecskemeti, *Strategic Surrender*, Stanford 1958, S. 153

30 U.S. National Archives, Foreign Military Studies Monographs, Serien-

Nummer MS B-328, S. 4
31 Ebenda, MS Nr. B-361, S. 5
32 Ebenda, MS Nr. 328, S. 9. Die Informationsquelle des Generals Smith könnte durchaus dieser Bericht des deutschen Generals Rendulic (Fn. 30 oben) sein, denn der damalige stellvertretende amerikanische Befehlshaber in Europa, General Clarence Huebner, hat ihn auf diesen Bericht aufmerksam gemacht.
33 Lerner, S. 133
34 Brief von General S.L.A. Marshall an den Verfasser.
35 U.S. National Archives a.a.O., MS Nr. B-361, S. 11
36 Walter Bedell Smith, S. 284 f.
37 U.S. National Archives a.a.O., MS Nr. B-328, S. 4
38 Eden, S. 612
39 Churchill, *Triumph und Tragödie*, Bd. II, S. 197
40 Bradley, S. 546. Bradley schreibt, nachdem durch den Vorstoß Pattons donauabwärts alle Befürchtungen wegen einer deutschen Alpenfestung zerstreut worden seien, habe man Montgomery das XVIII. Luftlandekorps des Generals Ridgeway zu Hilfe geschickt.
41 Montgomery, *Memoiren*, S. 373 ff. Später hat Churchill behauptet, Montgomery habe durch sein Eingreifen Lübeck gerettet, und dafür habe er nur wenige Stunden Zeit gehabt, *Triumph und Tragödie*, Bd. II, S. 223
42 Der Tod Adolf Hitlers gilt als umstritten. Aufgrund von Zeugenaussagen aus der Umgebung Hitlers wird behauptet, er habe sich erschossen. Der sowjetische Obduktionsbefund stellt demgegenüber fest: »In Anbetracht dessen, daß solche Ampullen in anderen Leichen vorhanden sind, daß ein bitterer Mandelgeruch beim Sezieren der Leichen entsteht, und aufgrund der gerichtschemischen Untersuchung der Organe jener Leichen, in denen Zyanverbindungen gefunden wurden, kommt die Kommission zu dem Schluß, daß trotz der schweren Verwundung des Brustkorbes die unmittelbare Todesursache eine Vergiftung mit Zyanverbindungen war.« Besymenski, S. 70
43 Deutsche Akten, auf Mikrofilm aufgenommen in Alexandria, Virginia, Serie 18, Filmspule 859, Rahmen 5605348–49, T–77
44 Deutsche Akten in Alexandria a.a.O., 18/859/5605372, T–77
45 Vgl. M. Steinert, *23 Tage*, S. 213
46 Montgomery, *Memoiren*, S. 375
47 Whiting, S. 49
48 Boldt, S. 83
49 Granzow, S. 177
50 Siehe Flower und Reeves Hrsg., S. 357 f. und J. Mueller, S. 77
51 Bailer, S. 536
52 Quellen des Instituts für Zeitgeschichte, München, unveröffentlichtes Manuskript, Archiv Nr. 160, Kurt von Tippelskirch, Akz. Nr. 785/52, 00037.
53 Murphy, S. 297
54 Whiting, S. 26
55 U.S. National Archives a.a.O., MS Nr. B–361, S. 13–15
56 Deutsche Akten a.a.O., 18/859/5605354/T–77
57 Ebenda, 5605049
58 Chandler und Ambrose Hrsg., S. 2668
59 Bekker, S. 234
60 Montgomery, *Memoiren*, S. 376
61 R.W. Thompson, *Montgomery, The Field Marshal*, S. 310
62 Quellen des Instituts für Zeitgeschichte, Arch. Nr. 160, von Tippelskirch, 785/52, 00037
63 Thorwald, *Das Ende an der Elbe*, S. 197
64 Deutsche Akten a.a.O., 18/867/5614038–41/T–77
65 Brief an Verfasser, 27. November 1971
66 British War Cabinet Minutes, War Cabinet 58(45), 4. Mai 1945, S. 336
67 L.F. Ellis und A.E. Warhurst, *Victory in the West*, London 1968, S. 341
68 M. Schulman, *Defeat in the West*, Westport 1948, S. 308. Er fügte

hinzu: »Ein anderer Verband der Wehrmacht, der sich vor dem offiziellen Ende ergab, war die Heeresgruppe ›G‹ unter General Schultz, dessen Erste und Neunzehnte Armee in den österreichischen Alpen die Waffen streckten.« Ebenda, S. 309

69 Moorehead, S. 284

70 Chruschtschow, S. 225

71 Chandler und Ambrose Hrsg., S. 2671

72 Institut für Zeitgeschichte, Arch. Nr. 1740, Eberhard Godt, 3190/63, 3–5

73 E.F. Ziemke, *The German Northern Theater of Operations, 1940–1945*, Washington, Dept. of Army Pamphlet 20–271, S. 312

74 *F.R.U.S., The Conference at Quebec, 1944*, S. 400–401

75 Chandler und Ambrose Hrsg., S. 2671. Im Januar 1945 war der britische General Andrew Thorne zum Leiter der Abteilung für Norwegen bei SHAEF ernannt worden.

76 Brief an den Verfasser von der historischen Abteilung der norwegischen Streitkräfte vom 4. April 1972. Eine Quelle spricht von 83000 russischen Kriegsgefangenen. Coles und Weinberg, S. 843

77 *Christ und Welt*, Nr. 16. VIII. Jahrg., 21. April 1955

78 Butcher, S. 823f. [S. 2689

79 Chandler und Ambrose Hrsg.,

80 Deutsche Akten a.a.O., 18/858/5604618/T–77

81 U.S. National Archives, Foreign Military Studies Monographs, MS Nr. B–328, S. 7–10

82 Ebenda

83 *F.R.U.S. 1945*, Bd. III, S. 777

84 Deutsche Akten a.a.O., 18/858/5004853/T–77

85 Strang, *Home and Abroad*, S. 221–223. Eine Schilderung der Kapitulation – als eine »Komödie der Irrtümer« – findet sich bei Pogue, *Supreme Command*, S. 484 f.

86 *F.R.U.S., 1945*, Bd. III, S. 779. In seiner Studie über das Jahr 1945 schreibt Gardner: »Stalin war nicht davon überzeugt, daß die Kämpfe an der Ostfront beendet sein würden – und seine Zweifel waren wohlbegründet.« *The Year that Changed the World, 1945*, S. 149

87 Truman, S. 232

88 *New York Times*, 9. Mai 1945

4. Die Regierung in Flensburg

1 *F.R.U.S. 1945*, Bd. III, S. 521 ff.

2 Gaddis, S. 131

3 *House of Commons Debates*, a.a.O., S. 1575–1576

4 Ebenda

5 Deutsche Akten, 18/866/5613541/T–77

6 Siehe A. L. Smith jr., »Life in Wartime Germany,« *The Public Opinion Quarterly*, Bd. 36 (Frühjahr 1972), S. 1–7

7 Deutsche Akten a.a.O.

8 Churchill, *Triumph und Tragödie*, Bd. II, S. 415

9 Deutsche Akten, 18/858/5604822/T–77

10 Cornides, S. 39. Gardner: »Beide Westalliierte haben nur ungern auf diese ohnmächtige Autorität verzichtet, weil sie glaubten, sie könnte bei der Aufrechterhaltung von Ruhe und Ordnung von Nutzen sein.« Gardner, *The Year that Changed the World*, S. 172 f.

11 Montgomery, *Memoiren*, S. 399

12 *Christ und Welt*, VIII. Jahrg., Nr. 16 v. 21. April 1955

13 Ebenda, Nr. 17, 28. April 1955

14 *Keesing's Contemporary Archives*, London 1946, S. 7187

15 Coles und Weinberg, S. 845

16 Ebenda

17 Ebenda

18 Churchill, *Triumph und Tragödie*, S. 223

19 Schultz, S. 100

20 Militärgeschichtliches Forschungsamt, Freiburg im Breisgau, Sammlung Karl Dönitz, N 236, Brief an Bidlingmaier v. 14.5. 1966
21 Woodward, S. 575
22 Ebenda, S. 578
23 Churchill, *Triumph und Tragödie,* S. 417
24 Schwerin von Krosigk in *Christ und Welt*, Nr. 17, 28. April 1955
25 *Keesing's Archives*, 16. Mai 1945, S. 7213
26 Ebenda und *House of Commons Debates*, a.a.O., S. 773
27 Ebenda, S. 772
28 Montgomery, *Memoiren*, S. 411
29 Ebenda, S. 401
30 Ebenda
31 Guingand, S. 458 ff.
32 Great Britain, Public Records Office, War Office, 214/42, »Papers of Field Marshal Alexander«, Akte Nr. 17, Bd. III, Dokument 33
33 Guingand, S. 458
34 Meissner, S. 57
35 Hill, S. 214
36 *House of Commons Debates*, 5. Serie, Bd. 310 (1944–1945) S. 2647
37 *F.R.U.S., 1945*, Bd. III, S. 781, Fn. 84
38 Murphy, S. 295 f.
39 Ebenda, S. 297 f.
40 Sammlung Karl Dönitz, N 236, Brief an Bidlingmaier vom 14.5. 1966
41 *Christ und Welt*, Nr. 18, VIII. Jahrg., 5. Mai 1955
42 Ebenda
43 Schukow, S. 636
44 *F.R.U.S., 1945*, Bd. III, S. 782–783
45 *House of Commons Debates*, 5. Serie, Bd. 535 (1954/55), S. 773
46 Ebenda, S. 1576–1577
47 *F.R.U.S., 1945*, Bd. III, S. 783
48 *Christ und Welt*, Nr. 18, VIII. Jahrg., 5. Mai 1955. Robert Murphy erlebte einen Teil des Dramas als Augenzeuge mit. Er schreibt: »Britische Militärpolizisten nahmen die Festnahme vor, und im guten Soldatenstil [?] seit undenklichen Zeiten besorgten sie sich dabei auch einige Andenken.« *Murphy*, S. 298
49 Bryant, *Sieg im Westen*, S. 467 f.
50 Montgomery, *Memoiren*, S. 423
51 W. Millis und E.S. Duffield Hrsg., *The Forrestal Diaries*, Princeton 1951, S. 58. Siehe auch Mee, S. 30 f.
52 *Triumph und Tragödie*, Bd. II, S. 419. In seinem Buch *The Year that Changed the World* behauptet Gardner, Churchill habe die britische Demobilisierung absichtlich verzögert. S. 287
53 »Papers of Field Marshal Alexander«, Akte Nr. 17, Bd. III, Dokument 37
54 G. F. Hudson, »The lessons of Yalta«, in R. Divine Hrsg., *Causes and Consequences . . .*, S. 229
55 »Papers of Field Marshal Alexander«, Akte Nr. 17, Bd. III, Dokument 35. Siehe auch Alexander, S. 151
56 Churchill, *Triumph und Tragödie*, Bd. II, S. 421
57 »Papers of Field Marshal Alexander« a.a.O., siehe auch Alperovitz, *Atomic Diplomacy*, S. 42
58 Gaddis, S. 76. Siehe auch T. Sharp, a.a.O.
59 Schoenfeld, S. 243. Eine Rechtfertigung der Entscheidung Eisenhowers findet sich in S.E. Ambrose, *Eisenhower and Berlin, 1945: The Decision to Halt on the Elbe*, New York 1967 [S. 137f.
60 *Triumph und Tragödie*, Bd. II,
61 *F.R.U.S., 1945*, Bd. III, S. 746–747
62 Gardner, *The Year*, S. 146 f. Siehe Loewenheim, Langley und Jones Hrsg., S. 43
63 Walter Bedell Smith, S. 283
64 *Morgenthau Diary*, Bd. II, S. 1563–1564
65 »Papers of Field Marshal Alexander«, Akte Nr. 17, Bd. III. Dokument 40
66 Bryant, *Sieg im Westen*, S. 469
67 Dalton, S. 457
68 Walter Bedell Smith, S. 283 f.
69 F.R.U.S., *The Conference of Berlin*, Bd. I, Washington 1960, S. 68–77
70 E. Davidson, S. 65, und Churchill, *Triumph und Tragödie*, Bd. II, S. 293 f.

71 Wheeler-Bennett und Nichols, S. 293
72 *Schukow*, S. 647
73 Woodward, S. 542. Siehe auch Mee, S. 227
74 R. Beitzell Hrsg., *Teheran, Yalta, Potsdam, The Soviet Protocols*, Hattiesburg 1970, S. 252
75 Ebenda, S. 252–253

5. Die Grenzen der Macht Großbritanniens

1 *Foreign Relations of the United States, The Conferences at Malta and Yalta*, Washington 1955, S. 286
2 Morray, S. 10
3 Bartlett, S. 12
4 Bryant, *Sieg im Westen*, S. 476. Siehe Sherwin, S. 83 f.
5 Hill, S. 212 f.
6 Great Britain, Public Records Office, War Office, 32/11132
7 Ebenda, Dokument 1 A. Siehe auch Artikel 19, »Additional Requirements to be imposed on Germany«, abgeleitet aus den Kapitulationsbedingungen
8 Ebenda, Dokument 3 A
9 Ebenda, Dokument 187 A
10 F. Kopp, *Chronik der Wiederbewaffnung in Deutschland*, Köln 1958, 8. Juni 1945, S. 26–27
11 Churchill, *Triumph und Tragödie*, Bd. II, S. 420
12 *House of Commons Debates*, 5. Serie, CCCXI, S. 1084
13 J.P. Nettl, *The Eastern Zone and Soviet Policy in Germany*, London 1951, S. 69
14 Während Montgomery um die Erlaubnis bat, deutsche Waffen zu vernichten, schrieb Churchill an General Ismay: »Was geschieht mit den deutschen Gewehren?. . . Es sollten für Großbritannien möglichst ein paar Millionen erhalten werden.« *Triumph und Tragödie*, Bd. II, S. 427
15 Montgomery, *Memoiren*, S. 427 und 438
16 Siehe *Morgenthau Diary*, S. 1306–1307. Nach dem Plan für die Auflösung der deutschen Armee »Eclipse« sollten die Befehlshaber in den alliierten Besatzungszonen ermächtigt werden, Kriegsgefangene für die verschiedensten notwendigen Arbeiten zu verwenden.
17 Schukow, S. 643
18 Montgomery, *Memoiren*, S. 434
19 Sherwood, Bd. 2, S. 572
20 Brief Dr. Brausch an den Verfasser vom 18. Juli 1973 enthält eine Erklärung von Dr. Hans Meier-Welkker. Meier-Welcker hat in den Jahren 1925–1945 in der deutschen Armee gedient. Von 1945 bis 1947 wurde er in einem britischen Kriegsgefangenenlager festgehalten. 1952 bis 1956 war er Berater beim Verteidigungsministerium der Bundesrepublik Deutschland und ab 1957 Leiter des Militärgeschichtlichen Forschungsamtes, Freiburg. Dr. Meier-Welcker hat zahlreiche Arbeiten über die deutsche Militärgeschichte veröffentlicht.
21 Guingand, S. 460 f.
22 *F.R.U.S., 1945*, Bd. III, S. 832–834
23 *Times*, 13. September 1945
24 Ebenda
25 Ebenda
26 Balfour, *Vier-Mächte-Kontrolle*, S. 247
27 Byrnes, *In aller Offenheit*, S. 137 f.
28 United States, Department of State, *Occupation of Germany, Policy and Progress*, 1945–46, Washington 1947, S. 90–91
29 Ebenda, S. 92
30 Montgomery, *Memoiren*, S. 448
31 Great Britain, Public Records Office, Foreign Office Document 371/46775/C9272. Im folgenden zitiert als F.O. Doc.
32 Ebenda
33 Ebenda
34 Ebenda
35 Schukow, S. 658
36 *The Times* (London), 17. Dezember 1954, Zitat aus *Prawda*.

37 F.O. 371/46775/C9272
38 Ebenda
39 Ebenda
40 Ebenda
41 Ebenda
42 Ebenda
43 »Die Armeegruppe Nord besitzt Land-, Luft- und Luftwabwehrverbände und -truppenteile. Dazu gehören die Korpsgruppen: a) Stockhausen, b) Witthoff. Jede Gruppe ist über 100000 Mann stark.
In der britischen Besatzungszone Deutschlands sind fünf deutsche militärische Korpsbezirke mit Verwaltungen und Dienststellen gebildet worden. Sie sind in folgenden Städten untergebracht: Hammer, Itzehoe, Neumünster-Rendsburg, Flensburg und Hamburg.
Als Ergänzung zu den deutschen Militärbezirken wurden in der britischen Besatzungszone Deutschlands 25 deutsche Kreis- und Ortsmilitärkommandanturen in folgenden Städten und Ortschaften geschaffen: Pinneberg, Segeberg, Lübeck, Lauenburg, Ütersen, Hörnerkirchen, Beringstedt, Itzehoe, Schleswig, Eckernförde, Husum, Westerland, Rendsburg, Heide, Marne, Wesselburen, Hennstedt, Meldorf und Albersdorf.
Beim sowjetischen Oberkommando vorhandenen Unterlagen und Angaben der ausländischen Presse zufolge bestehen in der britischen Besatzungszone Deutschlands weiterhin deutsche Streitkräfte und deutsche Heeres-, Kriegsmarine- und Luftwaffendienststellen. Bis heute besteht die deutsche Armeegruppe Müller, die in Armeegruppe Nord umbenannt wurde. Diese Armeegruppe hat eine Feldverwaltung und einen Stab. Zum Stab dieser Armeegruppe gehören: die Operationsabteilung, die Abteilung Oberquartiermeister, die Intendantur, die Abteilung Offizierskader, die Kraftfahrabteilung, der Sanitätsdienst.
Die Luftwaffenverbände und Dienststellen bestehen in der britischen Besatzungszone Deutschlands aus dem II. Luftwehrbezirk, zu dem Luftabwehrverbände (Einheiten der 18. Flak-Division), Bomberstaffeln, Zerstörerstaffeln, Schlachtflugzeugstaffeln und Nahaufklärungsgruppen gehören. Der II. Luftwehrkreis hat einen Stab nach dem Muster des Stabes einer Luftflotte der Kriegszeit.
Die deutschen Streitkräfte in der britischen Besatzungszone Deutschlands besitzen Nachrichtentruppen (über fünf Regimenter), Panzereinheiten und ein weitverzweigtes Netz von Militärlazaretts . . .
Die deutschen Seestreitkräfte nennen sich gegenwärtig ›Deutscher Minensuchdienst‹. Er besitzt einen Stab und hat Sicherungsdivisionen und Flottillen.
Außer den genannten deutschen Verbänden, Truppenteilen und Dienststellen befinden sich in der Provinz Schleswig-Holstein etwa eine Million deutscher Soldaten und Offiziere, die nicht als Kriegsgefangene behandelt werden, sondern militärische Ausbildung erhalten.
Alle oben aufgezählten Heeres-, Kriegsmarine- und Luftwaffendienststellen wie auch ihre Verbände, Truppenteile und Verwaltungen werden nach Heeresnormen besoldet. Das Personal der aufgezählten Verbände, Truppenteile und Verwaltungen trägt Rangabzeichen und Orden. Es werden dienstliche Beförderungen vorgenommen und Urlaub mit Löhnung gewährt.« Schukow, S. 656 f.
44 F.O. 371/46775/C9272
45 Ebenda
46 Ebenda
47 Ebenda
48 Ebenda
49 Ebenda. Vielleicht hat Clay dem Kontrollrat diesen Vorschlag in Abwesenheit von Montgomery gemacht.

50 Clay, S. 131 f.
51 Ebenda, S. 149 f.
52 Schukow, S. 644
53 Hill, S. 217
54 Montgomery, *Memoiren*, S. 453
55 F.O. 371/46775/C8792
56 Ebenda, C9001
57 Ebenda, C8987
58 *Manchester Guardian*, 11. November 1945
59 F.O. 371/46775/C9003
60 Ebenda
61 Ebenda, C 8987
62 Ebenda. McNarney löste Eisenhower im November 1945 ab.
63 Ebenda, C 9272
64 Ebenda
65 *The Times*, London, 6. Dezember 1945
66 Ebenda
67 F.O. 371/46775/C 9272
68 Ebenda, C 9141
69 Ebenda
70 Ebenda
71 Ebenda
72 Ebenda, C 9177 und C 9244
73 Ebenda, C 9177
74 Montgomery, *Memoiren*, S. 454. Die letzte britische Entlassungsoperation »*Clobber*« für ehemalige deutsche Soldaten folgte auf die Operation »*Trek*«, die im Sommer vorgenommene Verlegung deutscher Soldaten aus Schleswig-Holstein in Winterquartiere, und »*Trickle*«, die im Herbst/Winter vorgenommene Entlassung von etwa 350000 Mann.
75 F.O. 371/46776/C 9509
76 Ebenda, C 9603
77 Ebenda, C 9657
78 Ebenda, C 9668
79 Ebenda, C 9855
80 Ebenda
81 Ebenda, C 9668
82 Ebenda
83 Ebenda
84 Ebenda, C 9857
85 Ebenda
86 *F.R.U.S., 1945*, Bd. III, S. 859
87 Ebenda
88 F.O. 371/46776/C 9857
89 Ebenda
90 *F.R.U.S., 1945*, Bd. III, S. 860
91 F.O. C 9857
92 Ebenda
93 Ebenda, C 9979
94 Ebenda
95 G.B., War Office, 32/11132 (239A)

6. Die Fronten klären sich

1 Pritt, S. 53
2 Byrnes, *In aller Offenheit*, S. 230
3 Ebenda, S. 233
4 Ebenda, S. 234
5 *Times*, 6. Februar 1946
6 Ebenda, 22. Februar 1946
7 Ebenda, 26. Februar 1946
8 Ebenda
9 Ebenda, 6. Februar 1946
10 Ebenda, 26. Februar 1946
11 Ebenda
12 U.S., Dept. of State, *Occupation of Germany: Policy and Progress*, 1945–1946, S. 101–102
13 Österreichische Staatsangehörige bildeten eine Ausnahme, denn sie unterstanden den Entscheidungen des Alliierten Kontrollrats für Österreich.
14 1946 hatte Großbritannien etwa 500000 Deutsche in den Staaten des Commonwealth im Gewahrsam. 74000 Kriegsgefangene befanden sich in England. Frankreich beschäftigte im Dezember 1945 470000 Deutsche.
15 Siehe F. Kopp, *Chronik der Wiederbewaffnung in Deutschland*, S. 30–31
16 Ebenda
17 McNeill, S. 659
18 Pritt, S. 13. Churchill hatte im Mai 1945 tatsächlich den Vorschlag gemacht, die aus der Labourpartei und den Liberalen bestehende Koalition sollte die Regierung bis zur Beendigung des Krieges gegen Japan weiterführen, ohne daß allgemeine Wahlen

abgehalten würden. Attlee empfahl eine Wahl im Oktober; Churchill lehnte das jedoch ab, und so beschloß man, die Wahlen im Juli abzuhalten. Siehe A.J.P. Taylor, S. 595
19 Pritt, S. 63
20 *Vital Speeches of the Day*, XII, 15. März 1946, S. 331
21 Ebenda
22 Ebenda, S. 332
23 Pritt, S. 65–66
24 *New York Times*, 14. März 1946
25 McNeill, S. 660. Der Verfasser meint, zwar habe sich die öffentliche Meinung in Großbritannien gegenüber Rußland früher versteift als in den Vereinigten Staaten, die Gegensätze seien hier jedoch nicht so kraß gewesen: »Eine lange Erfahrung auf dem Gebiet der Außenpolitik hat die britische Öffentlichkeit in gewissem Maße ebenso vor übertriebenem Optimismus bewahrt wie vor übertriebener moralischer Entrüstung, wenn Hoffnungen enttäuscht wurden.« a.a.O.
26 *Vital Speeches*, XII, 15. März 1946, S. 331
27 Barnett, S. 485
28 B.R. von Oppen, *Documents on Germany under Occupation*, S. 138
29 Ebenda, S. 139
30 *Los Angeles Times*, 7. und 9. Mai 1946
31 Ebenda, 7. Mai 1946
32 Ebenda
33 Ebenda
34 Ebenda
35 Ebenda, 9. Mai 1946
36 Ebenda
37 Irgendjemand hat damals gesagt, Großbritannien habe den deutschen Industriegürtel und Amerika die deutsche Landschaft bekommen.
38 *Los Angeles Times*, 9. Mai 1946
39 Ebenda
40 Ebenda
41 *New York Times*, 10. Mai 1946
42 Ebenda, 13. Mai 1946
43 Hill, S. 222
44 *F.R.U.S., 1946*, Bd. II, S. 878–879
45 Molotow, S. 59
46 von Oppen, *Documents on Germany under Occupation*, S. 140
47 Ebenda, S. 141
48 Molotow, S. 59
49 Ebenda, S. 61
50 Byrnes, *In aller Offenheit*, S. 238
51 »The Russian Case«, 8. Dezember 1945
52 Ebenda, S. 819
53 Barnett, S. 487
54 G.B., War Office, 32/11783/ Dokumente 1 A–11 A
55 *The Times*, London
56 War Office a.a.O.
57 Ebenda, Dokumente 40 A, 84 A und 87 A
58 Penrose, S. 158
59 Molotow, S. 372 f.
60 Ebenda, S. 373
61 F. Kopp, *Chronik*, S. 34
62 von Oppen, a.a.O., S. 251
63 *The Manchester Guardian*, 26. Juli 1947
64 Ebenda, zit. Siehe E. Maschke, Hrsg., a.a.O.
65 von Oppen, a.a.O., S. 252
66 Keesing's Research Report, *Germany and Eastern Europe Since 1945*, New York 1973, S. 25–26
67 *Times*, 24. November 1947
68 Ebenda
69 Ebenda
70 Ebenda
71 Barnett, S. 482 f.
72 Zitiert bei Willenz, S. 21
73 von Oppen, a.a.O., S. 309
74 Ebenda, S. 311
75 Ebenda, S. 313
76 Wedemeyer, S. 92
77 Willenz, S. 2
78 Ebenda, S. 3
79 Ebenda, S. 4–7
80 Ebenda, S. 7–8. Die zitierte deutsche Zeitung war die *Rheinische Post* vom 27. November 1948. Hier wurde auf die französische Zeitung *Figaro* Bezug genommen.
81 Burchett, S. 166

7. Die Ursprünge des Kalten Krieges

1 Laqueur, S. 272
2 Ebenda, S. 273. Siehe auch Alperovitz, »How did the Cold War begin?«, *New York Review of Books*, VII, 23. März 1967, S. 6–12; P. Seabury, *The Rise and Decline of the Cold War*, S. 46 f. und Balfour, »Another look at ›Unconditional Surrender‹«, a.a.O.
3 A.J.P. Taylor, S. 586
4 Seabury, a.a.O., S. 58
5 Taylor, S. 593
6 *Morgenthau Diary*, S. 1179–1180
7 *F.R.U.S., The Conferences at Washington and Quebec, 1943*, S. 274
8 Siehe Gaddis, S. 199; M. Clark, S. 493; Cookridge, S. 167 f. und Blumenson, Bd. 2, S. 698
9 Matloff, S. 432. Siehe auch Alperovitz, *Atomic Diplomacy*, S. 68–71
10 Meehan, S. 69
11 M. Balfour, »Another look at ›Unconditional Surrender‹«, S. 728
12 Siehe H.W. Koch, a.a.O.
13 Ebenda, S. 730 und Tàborský, S. 155
14 Siehe Werth, S. 273; Templewood, S. 308 ff.; Umiastowski, S. 425; Crozier, S. 347; Miksche, S. 38 und Dilks Hrsg., S. 590
15 J.L. Chase, S. 277 und Gaddis, S. 9
16 *F.R.U.S., 1945*, Bd. III, S. 752
17 *House of Commons Debates*, abgedruckt in von Oppen, *Documents on Germany under Occupation*, S. 3–4
18 Hankey, a.a.O.
19 Montgomery, *Memoiren*, S. 399
20 *House of Commons Debates* a.a.O., S. 408–409
21 Ebenda, S. 411–412. Gegen Ende des gleichen Jahres, im November 1949, erinnerte Churchill Bevin an einen Briefwechsel aus dem Jahr 1942, in dem die Absicht der Vereinigten Staaten und Großbritanniens erwähnt wird, die bedingungslose Kapitulation zu fordern, und von dem Bevin Kenntnis genommen hatte. Damals war er stellvertretender Premierminister gewesen, und aus der Korrespondenz geht hervor, daß er mit dieser Forderung einverstanden war. Ebenda, S. 437–439
22 Ebenda, S. 438
23 M. Balfour, »Another look at ›Unconditional Surrender‹«, S. 720
24 Warburg, S. 22
25 Ebenda, S. 41
26 Gardner, *The Year*, S. 167
27 Wheeler-Bennett und Nichols, S. 276
28 F. Williams, S. 51 f.
29 Whiting, S. 1
30 Montgomery, *Memoiren*, S. 426. An anderer Stelle weist Montgomery darauf hin, daß Eisenhower noch am 15. September 1944 seine Ansicht über den Vorrang Berlins geteilt habe. »Doch jetzt war er anderer Ansicht. Sein neuer Standpunkt kam in seinem Funkspruch vom 31. März zum Ausdruck, dessen letzter Satz lautete: ›Sie werden bemerkt haben, daß ich überhaupt nicht Berlin erwähnt habe. Dieser Ort ist für mich nur noch ein geographischer Begriff, und ich habe für derlei noch nie Interesse gehabt.‹« Montgomery, *Memoiren*, S. 372
31 Chruschtschow, S. 225
32 *Memoiren*, S. 373
33 Chandler und Ambrose Hrsg., S. 2683
34 Eisenhower, a.a.O.
35 Gardner, *The Year*, S. 144
36 *Memoiren*, S. 376
37 Chandler und Ambrose, Hrsg., S. 2683
38 Brief an den Verfasser v. 27. November 1971
39 Dönitz, *Zehn Jahre*, S. 461
40 Dönitz-Interview in *Die Welt*, 29. April 1975
41 Ebenda [S. 339
42 W. Strang, *Britain in World Affairs*,
43 Laqueur, S. 273
44 *House of Commons Debates*, 5. Serie, Bd. 535 (1954–1955) S. 1579–1580
45 Ingersoll, S. 321 [1954
46 *New York Times*, 24. November

Bibliographie

Primärquellen (veröffentlichte und unveröffentlichte Dokumente, Mikrofilme, Papiere und Briefe)

Beitzell, R. Hrsg., *Teheran, Yalta, Potsdam, the Soviet Protocols.* Hattiesburg 1970

Dönitz Sammlung, N 236, Militärgeschichtliches Forschungsamt, Freiburg im Breisgau

Foreign Relations of the United States. *1943,* Bd. III, Washington D.C.: U.S. Government Printing Office, 1963
The Conferences at Washington and Quebec, 1943, Washington D.C.: U.S. Government Printing Office, 1970
The Conferences at Cairo and Teheran, 1943. Washington D.C.: U.S. Government Printing Office, 1961
The Conference at Quebec, 1944, Washington D.C.: U.S. Government Printing Office, 1972
The Conferences at Malta and Yalta, 1945. Washington D.C.: U.S. Government Printing Office, 1955
The Conference of Berlin (The Potsdam Conference), 1945, Washington, D.C.: U.S. Government Printing Office, 1960
Diplomatic Papers, 1945, Bd. III, *European Advisory Commission; Austria; Germany.* Washington D.C.: U.S. Government Printing Office, 1968
Council of Foreign Ministers, 1946, Bd. II, Washington D.C.: U.S. Government Printing Office, 1970

Deutsche Akten, auf Mikrofilm aufgenommen in Alexandria, Virginia, Guide 18, Reels 858, 859, 860, 864 und 867

Great Britain. Public Records Office. Foreign Office Documents 371/46775/C 9272, C 8792, C 9001, C 8987, C 9003, C 9177, C 9244 und 371/46776/C 9509, C 9603, C 9657, C 9668, C 9857, C 9979. War Cabinet Minutes, War Cabinet 58(45), 4. Mai 1945. War Office, »Papers of Field Marshal Alexander«, 214/42, Akte Nr. 17, Bd. III

House of Commons Debates, 5. Serie, Bd. 535 (1954–1955)

Kuby, E., *Das Ende des Schreckens: Dokumente des Untergangs, Januar bis Mai 1945,* München 1955

Briefe an den Verfasser: Dr. Brausch, 18. Juni 1973; Karl Dönitz, 27. November 1971; S.L.A. Marshall, 30. August 1971; Norwegische Streitkräfte, Historische Abteilung, 4. April 1972

Maschke, E. Hrsg., *Zur Geschichte der deutschen Kriegsgefangenen des Zweiten Weltkrieges,* 22 Bde., München 1967

Nazi Conspiracy and Aggression, Supplement B, Washington 1946

Oppen, B.R. von Hrsg., *Documents on Germany under Occupation, 1945–1954,* New York 1955

Quellen des Instituts für Zeitgeschichte, München; unveröffentlichte Manuskripte, Archiv Nr. 160, Kurt von Tippelskirch, Akz. Nr. 785/52,

00037; Archiv Nr. 1740, Eberhard Godt, 3190/63 und Archiv Nr. 1765, Joachim Schultz, 2479/59
United States, Department of State. *Occupation of Germany, Policy and Progress,* 1945–1946, Washington 1947
United States, National Archives. »Foreign Military Studies, 1945–1954« mit Supplement. Seriennummern MS Nr. P–202; MS Nr. B–328; MS Nr. B–361; MS Nr. B–125; MS Nr. B–554 und MS Nr. C–049
United States, Records of the U.S. Joint Chiefs of Staff. CCS 334 Combined Chiefs of Staff (8–17–43), 113th Meeting (»9. Military Considerations in Realtion to Russia«), RG 218

Primärliteratur (Bücher und Artikel)

Adenauer, Konrad: *Erinnerungen,* Stuttgart 1968
Alexander, H.: *The Alexander Memoirs,* 1940–1945, London 1962
Asquit, Baroness: »Baroness Asquit of Yarnbury in conversation with Kenneth Harris«, *The Listener,* 17. August 1967, S. 197–200
Bailer, Seweryn Hrsg.: *Stalin and His Generals, Soviet Military Memoirs of World War II,* New York 1969
Beneš, Eduard: *Memoirs of Dr. Eduard Beneš,* Boston 1953
Blumenson, Martin: *The Patton Papers, 1940–1945,* Boston 1974
Boldt, Gerhard: *Die letzten Tage der Reichskanzlei,* Reinbek 1964
Bradley, Omar: *A Soldier's Story,* New York 1951
Bryant, Arthur: *The Turn of the Tide, 1939–1943,* London 1957; *Sieg im Westen, 1943–1946. Aus den Tagebüchern des Feldmarschalls Lord Alanbrooke,* Düsseldorf 1960
Bullit, W.: »How we won the war and lost the peace«, in: *Life Magazine,* 30. August 1948, S. 94
Butcher, Harry C.: *Drei Jahre mit Eisenhower,* Bern 1946
Byrnes, J.F.: *All in One Lifetime,* New York 1947; *In aller Offenheit,* Frankfurt o.J.
Chandler, A.D. und S.E. Ambrose Hrsg.: *The Papers of Dwight D. Eisenhower: The War Years,* Baltimore 1969
Chruschtschow, Nikita: *Chruschtschow erinnert sich,* Reinbek 1971
Churchill, Randolph S. Hrsg.: *The Sinews of Peace: Post-War Speeches by Winston Churchill,* Boston 1949; *The unwritten Alliance: Speeches 1953 to 1959 by Winston S. Churchill,* London 1961
Churchill, Winston S.: *The Hinge of Fate,* Boston 1950 (dt. *Schicksalswende,* Hamburg 1952); *Triumph und Tragödie,* 2. Buch, Stuttgart 1954
Ciechanowski, J.: *Defeat in Victory,* New York 1942
Clark, M.: *Calculated Risk,* New York 1950
Clay, Lucius D.: *Entscheidung in Deutschland,* Frankfurt o.J.
Cooper, D.: *Old Men Forget,* London 1954
Dalton, H.: *The Fateful Years. Memoirs 1931–1945,* London 1957
Dilks, D. Hrsg.: *The Diaries of Alexander Cadogan, 1938–1945,* New York 1972
Dönitz, Karl: *Zehn Jahre und zwanzig Tage,* Bonn 1958
Eden, Anthony: *The Memoirs of Anthony Eden: The Reckoning,* Boston 1965
Eisenhower, Dwight D.: *Crusade in Europe,* New York 1961
Flower, D. und J. Reeves Hrsg.: *The Taste of Courage: Victory and Defeat,* New York 1971
Görlitz, Walter Hrsg.: *Generalfeldmarschall Keitel,* Göttingen 1961
Granzow, Klaus: *Tagebuch eines Hitlerjungen. 1943–1945,* Bremen 1965
Guingand, F. de: *Operation Victory,* London 1948
Harriman, Averell und E. Abel: *Special Envoy to Churchill and Stalin,*

1941–1946, New York 1975
Ismay, H.: *The Memoirs of General Lord Ismay*, New York 1960
Kästner, Erich: *Notabene 45, ein Tagebuch*, Zürich 1961
Kennedy, J.: *The Business of War*, London 1957
Kersten, F.: *The Kersten Memoirs, 1940–1945*, New York 1957
Kirkpatrick, Ivone: *The Inner Circle*, London 1959
Kleist, Peter: *Zwischen Hitler und Stalin. 1939–1945*, Bonn 1950
Koller, Karl: *Der letzte Monat*, Mannheim 1949
Kopp, F.: *Chronik der Wiederbewaffnung in Deutschland*, Köln 1958
Leahy, W.D.: *I was There*, New York 1950
Leasor, J.: *War at the Top*, London 1959
Loewenheim, F.L., H.D. Langley und M. Jones Hrsg.: *Roosevelt and Churchill: Their Secret Wartime Correspondence*, New York 1975
Luedde-Neurath, W.: *Regierung Dönitz*, Göttingen 1950
MacMillan, H., *The Blast of War, 1939–1945*, New York 1966
Millis, W. Hrsg.: *The Forrestal Diaries*, New York 1951
Molotow, W.M.: *Fragen der Außenpolitik, Reden und Erklärungen April 1945–Juni 1948*, Moskau 1953
Montgomery, Bernard Law the Viscount Montgomery of Alamein: *Memoiren*, München 1958; *Normandy to the Baltic*, London o.J.; »Russia's rising military might« *U.S. News and World Report*, Bd. 26, Nr. 23, 4. Juni 1954, S. 45
Moran, C.: *Churchill: Taken from the Diaries of Lord Moran*, Boston 1966
Morgan, F.: *Overture to Overlord*, New York 1950
Morgenthau Diary, Bd. II, Washington 1967
Murphy, Robert: *Diplomat unter Kriegern*, 2. Aufl. Berlin 1966
Nelson, J. Hrsg.: *A Conversation with Alistair Cooke: General Eisenhower on the Military Churchill*, New York 1970
Patton, G.S.: *War As I Knew It*, Boston 1947
Rahn, Rudolf: *Ruheloses Leben*, Düsseldorf 1949
Ridgeway, M.B.: *Soldier: The Memoirs of Matthew B. Ridgeway*, New York 1956
Roosevelt, E.: *As He Saw It*, New York 1946
Schukow, Georgi K.: *Erinnerungen und Gedanken*, Stuttgart 1969
Schultz, Joachim: *Die letzten 30 Tage*, Stuttgart 1951
Sherwood, Robert E.: *Roosevelt and Hopkins: An Intimate History*, New York 1948
Smith, J.E. Hrsg: *The Papers of General Lucius D. Clay*, Bloomington 1974
Stimson H.J. und M. Bundy: *On Active Service*, New York 1948
Strang, W.: *Home and Abroad*, London 1956
Tàborský, Eduard: »Beneš and Stalin – Moscow, 1943 and 1945«, *Journal of Central European Affairs*, XIII (Juli 1953), S. 145–181
Templewood, Viscount: *Complacent Dictator*, New York 1947
Truman, Harry S.: *Memoirs*, Bd. I, New York 1965
Vandenberg, A.H. jr., Hrsg.: *Private Papers of Senator Vandenberg*, Boston 1952
Vansittart, Lord R.G.: *Bones of Contention*, New York 1945
Vital Speeches of the Day, XII (15. März 1946), S. 331
Warlimont, Walter: *Im Hauptquartier der deutschen Wehrmacht 1939–1945*, Frankfurt/M. 1962
Wedemeyer, A.C.: *Wedemeyer Reports*, New York 1958
Williams, F.: *A Prime Minister Remembers*, London 1961

Sekundärliteratur (Bücher und Artikel)

Adams, H.H.: *1942: The Year that Doomed the Axis*, New York 1967

Alperovitz, Gar.: *Atomic Diplomacy: Hiroshima and Potsdam*, London 1966; »How did the Cold War begin?« *New York Review of Books*, VII (23. März 1967), 6–12

Anderson, E.: »Germany in the Cold War,« *Survey* 58 (Januar 1966), 1961

Armstrong, A.: *Unconditional Surrender*, New Jersey 1961

Baldwin, H.: *Great Mistakes of the War*, New York 1950

Balfour, Michael: »Another look at ›Unconditional Surrender‹«, *International Affairs*, Bd. 46, Nr. 4., Oktober 1970, 719–737; *Vier-Mächte-Kontrolle in Deutschland 1945–1946*, Düsseldorf 1959

Barnett, C.: *Britain and Her Army. 1509–1970*, New York 1970

Bartlett, C.J.: *The Long Retreat: A Short History of British Defence Policy. 1945–1970*, London 1972

Bauer, Karl: *Deutsche Verteidigungspolitik. 1948–1967*, Boppard 1968

Beitzell, R.: *The Uneasy Alliance*, New York 1972

Bekker, Cajus: *Kampf und Untergang der Kriegsmarine*, Hannover 1953

Bernstein, B.J. Hrsg.: *Politics and Policies of the Truman Administration*, Chicago 1970

Besymenski, Lew: *Der Tod des Adolf Hitler. Unbekannte Dokumente aus Moskauer Archiven*, Hamburg 1968

Burchett, W.G.: *Cold War in Germany*, Melbourne 1950

Burns, J.: *Roosevelt: The Soldier of Freedom*, New York 1970

Campbell, J.C.: *The United States in World Affairs, 1945–1947*. New York 1947

Chase, J.L.: »Unconditional surrender reconsidered,« *Political Science Quarterly*, LXX, Nr. 2, Juni 1955, 258–279

Clemens, D.S.: *Yalta*, New York 1970

Coles, H. und A.K. Weinberg: *Civil Affairs: Soldiers Become Governors*, Washington 1964

Cookridge, E.H.: *Gehlen: Spy of the Century*, London 1972

Cornides, Wilhelm: *Die Weltmächte und Deutschland; Geschichte der jüngsten Vergangenheit, 1945–1955*, [2]Stuttgart 1961

Craig, G.: *NATO and the New German Army*, Princeton 1955

Crawley, A.: *The Spoils of War: The Rise of Western Germany Since 1945*, New York 1973

Crozier, Brian: *Franco*, München/Esslingen 1967

Dallin, A.: »Vlasov and separate peace: a note«, in: *Journal of Central European Affairs*, XVI, Januar 1957, 394–396

Daniels, W.: *Defence of Western Europe*, NewYork 1950

Daugherty, W. und M. Janowitz: *A Psychological Warfare Casebook*, Baltimore 1958

Davidson, E.: *The Death and Life of Germany*, New York 1959

Deakin, F.W.: *Die brutale Freundschaft. Hitler, Mussolini und der Untergang des italienischen Faschismus*, Köln/Berlin 1962

Deutscher, Isaac: *Ironies of History: Essays on Contemporary Communism*, London 1966

Divine, R., Hrsg.: *Causes and Consequences of World War II*,. Chicago 1969

Druks, H.: *Harry S. Truman and the Russians, 1945–1953*, New York 1966

Dulles, Allen: *The Secret Surrender*, New York 1966

Dulles, John Foster: *Our Policy for Germany*, Washington 1954

Erdmann, J.M.: *Leaflet Operations in the Second World War*, Denver 1969

Essame, H.: *The Battle for Germany*, New York 1969

Feis, H.: *From Trust to Terror: The Onset of the Cold War, 1945–1950*, New York 1970, *Churchill, Roosevelt and Stalin*, Princeton 1957

Fitzsimmons, M.: *Foreign Policy of the British Labour Government, 1945–1951,* Notre Dame, Indiana, 1953

Gaddis, J.L.: *The United States and the Origins of the Cold War,* 1941–1948, New York 1972

Gallagher, M.P.: *The Soviet History of World War II,* London 1963

Gardner, Brian: *Churchill in Power: As seen by His Contemporaries,* Boston 1970; *The Year That Changed the World, 1945,* New York 1964

Hagen, L.: *The Secret War for Europe,* New York 1969

Hankey, Lord: »Unconditional Surrender«, in: *The Contemporary Review,* Bd. 176, Oktober 1949, 179–198

Higgins, T.: *Winston Churchill and the Second Front, 1940–1943,* London 1957

Hill, R.: *Struggle for Germany,* New York 1947

Howe, Q.: *Ashes of Victory,* New York 1972

Ingersoll, R.: *Top Secret,* New York 1946

Ingram, K.: *History of the Cold War,* London 1955

Jansen, Thomas: *Abrüstung und Deutschland-Frage: Die Abrüstungsfrage als Problem der deutschen Außenpolitik,* Mainz 1968

Jones, J.M.: *The Fifteen Weeks,* New York 1955

Kecskemeti, P.: *Strategic Surrender,* Stanford 1958

Keesing's Contemporary Archives, London 1946

Keesing's Research Report, *Germany and Eastern Europe Since 1945,* New York 1973

Kempner, R.M.K.: »Stalin's ›Separate Peace‹ in 1943,« *United Nations World,* 4 (März 1950), 7–9

Kirchner, K. Hrsg.: Flugblätter aus England, Erlangen 1974 *Flugblattpropaganda im Zweiten Weltkrieg,* München 1972

Koch, H.W.: »The spectre of a separate peace in the east: Russo-German ›peace feelers‹, 1942–1944«, in: *Journal of Contemporary History,* 19:3 (Juli 1975), 531–549

Kochan, L.: *The Struggle for Germany, 1918–1945,* Edinburgh 1963

Kolko, G.: *The Politics of War,* New York 1968

Krautkraemer, Elmar: *Deutsche Geschichte nach dem Zweiten Weltkrieg,* Hildesheim 1962

Kuby, E.: *The Russians and Berlin: 1945,* New York 1969

Laqueur, Walter: *Russia and Germany: A Century of Conflict,* Boston 1965

Lewis, G. und J. Mewha, *History of Prisoner of War Utilization by the United States Army, 1776–1945,* Washington 1955

Lerner, D.: *Sykewar: Psychological Warfare Against Germany,* D-Day to VE-Day, New York 1949

Linebarger, P.M.: *Psychological Warfare,* Washington 1954

Liddell-Hart, Basil H.: *History of the Second World War,* New York 1971

Luard, E. Hrsg.: *The Cold War: A Re-appraisal,* New York 1964

Manstein, Erich von, *Verlorene Siege,* Bonn 1955

Mastny, V.: »Stalin and the prospects of a separate peace in World War II,« *The American Historical Review,* Bd. 77, Nr. 5 (Dezember 1972), 1365–1388

Matloff, M.: »The Soviet Union and the War in the West« in: *American History: Recent Interpretations,* Band II, Hrsg. A. Eisenstadt, New York 1962

Mayne, R.: *The Recovery of Europe,* 1945–1973, New York 1973

McGeehan, R.: *German Rearmament Question: American Diplomacy and Europe After World War II,* Glencoe 1971

McNeill, W.H.: *America, Britain and Russia,* New York 1953

Mee, Jr., Charles L.: *Die Teilung der Beute,* Wien/München 1977

Meehan, E.: *The British Left Wing and Foreign Policy,* New Brunswick 1960

Meissner, Boris: *Rußland, die Westmächte und Deutschland,* Hamburg 1953

Middleton, D.: *The Defense of Western Europe*, New York 1952 »Germany played for time at Reims,« *New York Times*, 9. Mai 1945

Mikolajczyk, S.: *The Pattern of Soviet Domination*, London 1948

Miksche, F.O.: *Unconditional Surrender: The Roots of World War III*, London 1952

Morison, S.E.: *Strategy and Compromise*, Boston 1958

Moorehead, A.: *Eclipse*, New York 1968

Morgan, R.: *The United States and West Germany, 1945–1973*, London 1974

Morray, J.P.: *From Yalta to Disarmament: Cold War Debate*, New York 1961

Mueller, J.: *Sturz in den Abgrund: Die letzten 10 Monate vom 20. Juli '44 bis zum 8. Mai '45*, Offenbach 1947

Nano, F.C.: »The first Soviet double cross,« *Journal of Central European Affairs*, Bd. 12, Nr. 3 (Oktober 1952), 236–258

Nettl, J.P.: *The Eastern Zone and Soviet Policy in Germany*, London 1951

Neumann, W.L.: *After Victory: Churchill, Roosevelt, Stalin and the Making of the Peace*, New York 1967

North, J.: *Northwest Europe, 1944–1945*, London 1953

Penrose, E.F.: »Negotiating on refugees and displaced persons, 1946,« in: *Negotiating with the Russians*, R. Dennett und J.E. Johnson Hrsg., Boston 1951

Pogue, F.C.: *George C. Marshall: Organizer of Victory, 1943–1945*, New York 1973; *Supreme Command*, Washington 1954

Pritt, D.N.: *The Labour Government*, 1945–51, New York 1963

Rauch G. von: *A History of Soviet Russia*, New York 1957

Ritter, Gerhard: *Carl Goerdeler und die deutsche Widerstandsbewegung*, Stuttgart 1954

Root, W.: *Casablanca to Katyn: The Secret History of the War*, New York 1946

Rose, L.A.: *After Yalta*, New York 1973

Rozek, E.J.: *Allied Wartime Diplomacy: A Pattern in Poland*, New York 1958

Ryan, Cornelius: *Der letzte Kampf*, München/Zürich 1966

Schlamm, W.S.: *Germany and the East-West Crisis*, New York 1959

Schoenfeld, M.P.: *The War Ministry of Winston Churchill*, Ames, 1972

Schubert, K. von: Wiederbewaffnung und Westintegration, Stuttgart 1970

Seabury, P.: »Cold War origins I,« *The Journal of Contemporary History*, Bd. 3, Nr. 1 (Januar 1968), 169–182; *The Rise and Decline of the Cold War*, New York 1967

Sereny, G.: *Into That Darkness*, New York 1947

Sharp, T.: *The Wartime Alliance and the Zonal Division of Germany*, Oxford 1975

Sherwin, M.J.: *A World Destroyed: The Atomic Bomb and the Grand Alliance*, New York 1973

Shils, E.A. und M. Janowitz: »Cohesion and disintegration in the Wehrmacht in World War II,« *Public Opinion Quarterly*, Sommer 1948, 280–315

Slawin, L.J.: *Die letzten Tage des »Dritten Reiches«*, Berlin 1948

Smith, A.L. jr.: »Churchill et l'armée allemande, 1945,« *Revue d'histoire de la deuxième guerre mondial*, 93 (Januar 1974), 65–78; »Life in wartime Germany,« *The Public Opinion Quarterley*, Bd. 36 (Frühjahr 1972), 1–7

Smith, Walter Bedell: *General Eisenhowers sechs große Entscheidungen (Europa 1944–1945)*, Bern 1956

Stein, H., Hrsg.: *American Civil-Military Decisions*, Birmingham 1963

Steinert, Marlis G., *Hitlers Krieg und die Deutschen*, Düsseldorf 1970; *Die 23 Tage der Regierung Dönitz*, Düsseldorf/Wien 1967

Strang, W.: *Britain in World Affairs*, New York 1961

Taylor, A.J.P.: *English History, 1914–1945*, New York 1965

Theoharis, A.: »Roosevelt and Truman on Yalta: the origins of the Cold War«, *Political Science Quarterly*,

Bd. LXXXVII, Nr. 2 (Juni 1972), 210–241
Thompson, R.W.: *Churchill and the Montgomery Myth*, New York 1967; *Montgomery, The Field Marshal: The Campaign in North-West Europe, 1944–1945*, New York 1969
Thompson, C.: *The Assassination of Winston Churchill*, Buckinghamshire 1969
Thorwald, Jürgen: *Das Ende an der Elbe*, Stuttgart 1953; *Es begann an der Weichsel*, Stuttgart 1953; *The Illusion: Soviet Soldiers in Hitler's Armies*, New York 1972
Ulam, A.B.: *The Rivals, America and Russia Since World War II*, New York 1972
Umiastowski, R.: *Poland, Russia and Great Britain, 1941–1945*, London 1945
Volle, H. und C.-J. Duisberg: *Probleme der internationalen Abrüstung*, Frankfurt 1964
Waldmann, E.: *The Goose Step is Verboten: The German Army Today*, New York 1964
Warner, A.L.: »Our secret deal over Germany,« *Saturday Evening Post*, 2. August 1952, S. 30
Warburg, James P.: *Deutschland – Brücke oder Schlachtfeld*, Stuttgart 1949
Watt, Donald C.: *England blickt auf Deutschland. Deutschland in Politik und öffentlicher Meinung Englands seit 1945*, Tübingen 1965
Werth, Alexander: *The Year of Stalingrad*, New York 1947
Wheeler-Bennett, John und A. Nichols, *The Semblance of Peace*, New York 1972
Whiting, C.: *The End of the War, Europe: April 15 – May 23, 1945*, New York 1973
Willenz, E.: »Early discussions regarding a defense contribution in Germany, 1948–1950«, in: U.S. Air Force Project, Rand Research Memo. 968, *German Studies*, Santa Monica 1952
Wolfe, T.W.: *Soviet Power and Europe, 1945–1970*, Baltimore 1970
Woodward, L.: *British Foreign Policy in the Second World War*, Bd. III, London 1971
Ziemke, E.F.: *The German Northern Theatre of Operations, 1940–1945*, Washington o.J.

Zeitungen

Deutsche Allgemeine Zeitung
Christ und Welt
Economist
Heidelberger Tageblatt
Los Angeles Times
Manchester Guardian
Neue Rhein Zeitung
New York Times
Rhein Neckar Zeitung
Times (London)
Völkischer Beobachter
Die Welt

Register